DAN MILLMAN

Spirituelle Lebensqualität

Ziele finden,
die unser Leben
wert sind

Aus dem Englischen von
JOCHEN EGGERT

WILHELM HEYNE VERLAG
MÜNCHEN

Die amerikanische Originalausgabe erschien unter dem Titel
»Living on Purpose – Straight Answers to Life's Togh Questions«
im Verlag New World Library in Kalifornien, USA.

Verlagsgruppe Random House
FSC-DEU-0100
Das für dieses Buch verwendete
FSC-zertifizierte Papier *München Super*
liefert Mochenwangen Papier.

Taschenbucherstausgabe 10/2006
Copyright © 2000 der Originalausgabe by Dan Millman
Copyright © 2001 der deutschsprachigen Ausgabe
by Ansata Verlag, München,
in der Verlagsgruppe Random House GmbH
Printed in Germany 2005
Umschlaggestaltung: HildenDesign, München
Umschlagmotiv: © Clark Dunbar / Getty Images
Herstellung: Helga Schörnig
Satz: C. Schaber Datentechnik, Wels
Druck und Bindung: GGP Media GmbH, Pößneck

ISBN-10: 3-453-70047-3
ISBN-13: 978-3-453-70047-5

Das Ziel des Lebens ist ein zielstrebiges Leben.

ROBERT BYRNE

Der Verstand stellt die Fragen,
das Herz weiß die Antworten.

BYRON KATIE

Inhalt

Vorwort: Antworten auf Lebensfragen   11

Hat das Leben einen tieferen Sinn?   15

Wo finde ich den richtigen Lehrer?   23

So viele Bücher und Seminare –
warum hat sich mein Leben nicht geändert?   31

Wie kann ich meine
Versagensangst überwinden?   39

Warum stößt man immer wieder
auf die gleichen Probleme?   47

Mit meinem Leben scheint es abwärts zu gehen.
Wie kommt das?   55

Die meisten Menschen können zwischen
Recht und Unrecht unterscheiden.
Weshalb handeln sie nicht danach?   63

Ich habe ein paar großartige Einfälle gehabt.
Wieso ist mir nicht mehr Erfolg beschieden?   71

Wann werden die Dinge endlich so laufen,
wie ich es gern hätte?   79

Warum verursache ich manchmal Probleme,
obwohl ich nach bestem Wissen
und Gewissen handle?   89

Wie kann ich die Leute dazu bringen,
mich respektvoller zu behandeln? 97

Wie kann man etwas ausrichten in der Welt? 105

Andere Leute kommen mir begabter vor –
wie kann ich da erfolgreich sein? 113

Ich bin unzufrieden mit meinem Leben.
Was kann ich verbessern? 121

Was ist besser: sich selbst und andere
beurteilen oder jedes Verhalten akzeptieren? 131

Ich habe viele schlechte Angewohnheiten.
Wie kann ich meine Lebensweise verbessern? 139

Weshalb ist das Leben
manchmal so schwierig? 147

Ich habe eine wichtige Entscheidung zu fällen.
Wie finde ich heraus, was am besten ist? 155

Warum werden meine Gebete nicht erhört? 163

Wem soll man vertrauen, wenn selbst
die Experten uneins sind? 173

Ich praktiziere Meditation und Visualisation.
Warum weckt das nicht meine Lebensgeister? 181

Können wir erreichen, dass uns
das Schöne im Leben bleibt? 189

Wie kann ich mein Leben einfacher
gestalten und doch in vollen Zügen leben? 197

Ich habe mein Leben gründlich verpfuscht.
Ist für mich alles zu spät? 205

Ich habe so viele meiner selbstgesteckten
Ziele erreicht – woher dieses Gefühl,
dass etwas fehlt? 213

Nachwort 221

Dank 223

Vorwort:
Antworten auf Lebensfragen

Vor vielen Jahren bin ich in einer Nachttankstelle einem friedvollen Krieger begegnet. Socrates, so hieß er, sagte einmal zu mir: »Mir ist aufgefallen, dass es in dieser Welt drei Sorten Menschen gibt: Solche, die etwas in Bewegung setzen, dann die, die dabei zusehen, und schließlich die, die sich nur fragen, was eigentlich passiert ist.« Ich war damals ein Turner der Spitzenklasse und folglich einer, der etwas in Bewegung setzte. Außerhalb der Turnhalle freilich, wenn im realen Leben mit all seiner Zwiespältigkeit Entscheidungen zu treffen waren, gehörte ich eher zu denen, die nur zusahen und sich fragten, was eigentlich los war. Und da war ich nicht der Einzige.

Viele von uns leben nach dem Zufallsprinzip. Wir stolpern in Beziehungen hinein, geraten irgendwie in eine berufliche Laufbahn, versuchen einen Sinn zu erkennen, hoffen und beten, dass wir Glück in der Liebe haben werden, dass das Schicksal uns gewogen sein wird und wir gesund bleiben. Auch ich habe lange so gelebt, eher aufs Geratewohl – bis ich lernte, wie man zielstrebig lebt.

Meine Ausbildung begann mit der ersten Frage, die ich Socrates stellte. Er zuckte nämlich einfach mit den Schultern und antwortete: »Das ist die Hausordnung.« »Haus« steht für das Leben, das Dao, die Welt, das Wirkliche; mit »Ordnung« sind universale Gesetze oder Prinzipien gemeint. Die in diesem Buch dargestellte Hausordnung besteht aus Lektionen, die in der Schule des Lebens erteilt wurden – auf das Wesentliche reduziert. Sie geben uns verlässliche Strategien für ein zielstrebiges Leben an die Hand.

Zielstrebiges Leben braucht klare, einsehbare Vorgaben, und es braucht Glauben. Der Verstand setzt klare Ziele, der Glaube gibt uns die Möglichkeit, uns dem Leben anzuvertrauen. Nach den Worten der daoistischen Weisen siegt das Geschmeidige und Weiche über das Feste und Starre – und wie der Bach den Felsen umströmt, so muss unsere Zielausrichtung sich den wechselnden Gegebenheiten des Lebens anpassen. So enthält die Hausordnung also keine mechanisch anzuwendenden Regeln, sondern gibt Anhaltspunkte. In einem zielstrebigen Leben nach verlässlichen Grundsätzen werden wir wie der Bambus, stark und doch biegsam: Wir bewegen uns den auf uns einwirkenden Kräften entsprechend und schwingen dann zurück in unsere ureigene Richtung.

Auch die Anlage dieses Buchs hat ihren bewussten Zweck: Sie will uns an die universalen Prinzipien der Hausordnung heranführen und berücksichtigt dabei die unterschiedlichen Lerntemperamente. Sie werden sehen, dass jeder Abschnitt

- mit einer universalen Frage beginnt; dann folgen
- ein Punkt der Hausordnung,
- eine klärende Zusammenfassung,
- zwei hiermit zusammenhängende Fragen und Antworten und schließlich
- eine Seite für die Anwendung dieses Punktes der Hausordnung auf Ihr eigenes Leben.

Einige der Fragen in diesem Buch sind sehr persönlicher Natur, während andere auf universale Themen zielen; manche zeugen einfach von Wissbegier, während andere Ausdruck eines verzweifelten Suchens sind. Sie wurden von Menschen aus aller Welt gestellt und bringen unser aller Wünsche und Nöte zum Ausdruck. Es geht um Beziehungen, Arbeit, Kinder, Gesundheit, Spiritualität und

Psychologisches, um Wertvorstellungen und Entscheidungen. Ich habe die Formulierung der Fragen den Zwecken dieses Buches angepasst und natürlich die Namen weggelassen, da die Identität der Briefschreiber für die angesprochenen allgemein gültigen Fragen keine Rolle spielt.

Meine Antworten, so scheint mir, kommen weniger *von* mir als vielmehr *durch* mich. Damit will ich nicht sagen, dass ich jenseitige Krieger-Wissende channele, mit Gott plaudere oder die Diktate astraler Geist-Führer niederschreibe. Ich sage nur, dass ich die Hausordnung intuitiv verstehe, dass ich mich auszudrücken weiß und ein offenes Herz habe. Man sagt ja auch: »Wo Liebe waltet, gibt es keine Geheimnisse.«

Messen Sie diese Hausordnung an Ihrer eigenen Erfahrung, und wandeln Sie sie Ihren eigenen Lebensumständen entsprechend ab. Sie werden sehen, dass sie uns den Weg zu mehr Produktivität, Kreativität und Freude weist und aufzeigt, wie man in diesem Reich der Materie ein spirituelleres Leben führen kann. »Hilf dir selbst, dann hilft dir Gott«, sagt das Sprichwort – und dieses Buch ist eine Anleitung zur Selbsthilfe. Je besser wir selbst werden, desto besser dienen wir unserer Welt. Durch ein zielgerichtetes und gutes Leben werden wir für andere eine Lichtquelle.

Wie die Hausordnung unter anderem auch zeigen wird, kann ich Ihnen keine Weisheiten vermitteln, die Sie nicht schon in sich hätten, aber ich kann vielleicht Licht auf Ihre verborgenen Stärken fallen lassen. Und wenn dieses Buch Ihre Selbstbetrachtung und Selbsterkenntnis fördert – wenn Sie also *innen* nach Ihrer eigenen Wahrheit zu suchen anfangen –, wird es seinen Zweck erfüllt haben. Behalten Sie beim Lesen vertrauensvoll die höhere Wahrheit im Blick, dass unser Leben – mag diese Welt auch voller Zwiespälte und Schwierigkeiten sein – ein gemäß den universalen Gesetzen sich entfaltendes, unserem Erwachen dienendes Mysterium ist.

*Hat das Leben
einen tieferen Sinn?*

*Die Erde ist eine Schule und das
tägliche Leben unser Klassenzimmer*

Wir sind hier, um durch Erweiterung unseres
Bewusstseins der Welt und unserer selbst zu lernen.
Was wir über die Welt lernen, sichert unseren Erfolg.
Was wir über uns selbst lernen, fördert unsere
Entwicklung. Unsere Schwierigkeiten auf dem Gebiet
der Beziehungen, der Gesundheit und der Finanzen
gehören zu unserem Lernstoff. Der Alltag lehrt
uns alles, was wir für den nächsten Schritt unseres
Weges wissen müssen. Jeder Tag hält neue Lektionen
für uns bereit.

Frage *Wir wachsen auf, gehen zur Schule, verdienen unseren Lebensunterhalt, fahren in Urlaub, leisten unseren Beitrag und leben, bis wir sterben. Genügt das nicht? Was soll dieses ganze Interesse an Spiritualität? Worum geht es da?*

Antwort Die meisten Menschen sehen das Leben als eine Schule in dem Sinne, dass wir hier viel zu lernen haben. Aber wenn am Ende doch der Tod steht, worin besteht dann überhaupt der Sinn des Lebens? Fragen über den Tod können dazu führen, dass wir uns Gedanken über das Leben machen. Sind wir ein mehr zufälliges Experiment oder in einen viel größeren Zusammenhang eingebunden? Eine Frage zieht die nächste nach sich, und alle Fragen laufen letztlich doch auf ein großes Unbekanntes hinaus. Manche wenden sich dann dem Glauben zu, während andere einfach nur staunen. Und in diesem Staunen keimt die Saat der Spiritualität.

Irgendwann stoßen wir dann vielleicht auf eine der grundlegenden Lektionen, die uns in der Schule des Lebens erteilt werden: In jedem Augenblick befindet sich unser Bewusstsein in einer von zwei eigenständigen Wirklichkeiten, jede mit ihren eigenen Wahrheiten. Die erste ist das, was wir landläufig »Wirklichkeit« nennen, und davon ist in Ihrer Frage die Rede. Die zweite ist eine transzendente Wirklichkeit – die spirituelle Dimension.

> Die größte aller Lehren ist: mit einem offenen Herzen zu leben.
> ANONYM

Im Normalfall bindet die gewöhnliche äußere Wirklichkeit unsere gesamte Aufmerksamkeit in den alltäglichen Dingen – Ausbildung, Beruf, Beziehungen, Familie, Gesundheit. Unsere kleinen Dramen von Gewinn und Verlust, Wunsch und Erfüllung erscheinen uns so real und so wichtig. Unser gewöhnliches Leben besteht in der Suche nach Befriedigung und Wunscherfüllung, und die hängen davon ab, dass die Dinge sich gemäß unseren Wünschen, Hoffnungen und Erwartungen entwickeln. Doch indem wir die Dinge in unserem Sinne zu lenken versuchen, set-

> Wir haben Teil an einem Mysterium, das über unseren Verstand geht, und unsere höchste Aufgabe ist das tägliche Leben.
> JOHN CAGE

zen wir uns den Schmerzen des Anhaftens, des Begehrens und der Angst aus.

Und eines Tages fällt uns auf – vielleicht durch ein Trauma, einen Todesfall in der Familie, eine Verletzung oder sonst irgendein Missgeschick –, dass die gewöhnliche äußere Wirklichkeit *bestenfalls* Unbefriedigtsein bedeutet. Wir sind enttäuscht, wenn wir nicht bekommen, was wir wollen, oder bekommen, was wir nicht wollen, ja selbst dann, wenn unsere Wünsche erfüllt werden, denn in dieser Welt der Sterblichkeit werden wir alles Liebgewonnene doch wieder verlieren.

Unglück und seelische Leiden wecken aber die Sehnsucht, diese bedingte Welt zu transzendieren, ein Verlangen, aufzuwachen und ein höheres Wissen zu gewinnen, das unsere Seele erhebt, während wir zugleich in dieser gewöhnlichen äußeren Wirklichkeit leben. Die Herausforderungen des Lebens machen uns bereit zu einem Sprung in den Glauben: dem Wagnis, alle nicht mehr tauglichen alten Wahrheiten über Bord zu werfen und ins Unbekannte aufzubrechen. Wie Anaïs Nin einmal schrieb: »Dann kam schließlich die Zeit, wo das Knospendasein schmerzhafter wurde als das Wagnis aufzublühen.« In der Schule des alltäglichen Lebens ist keine Kluft zwischen der Spiritualität und dieser Welt. Wir können hier ein ganz normales Leben führen und zugleich die transzendenten Wahrheiten vor Augen haben, die uns befreien.

Euer alltägliches Leben ist eure Schule, euer Tempel und eure Religion.
KHALIL GIBRAN

Frage *Ich bin auf der Suche nach einer ganz anderen Sicht der Dinge, nach anderen Lebensinhalten als Nachrichten, Wetter und Sport. Ich nehme Yoga-Unterricht und meditiere. Im vergangenen Jahr habe ich – in der Hoffnung, einen höheren spirituellen Zustand auslösen zu können – eine Radtour von über sechshundert Kilometern gemacht. Ich kam vorübergehend in einen High-Zustand, aber vor allem tat mir der Hintern weh. Trotzdem, irgendetwas passiert, wenn*

*ich meinen Körper an seine Grenzen treibe. Bewege ich mich
hier in die richtige Richtung?*

Antwort Extreme körperliche Leistungen und Entbehrungen, wobei man dem Körper Nahrung und Wasser vorenthält oder ihm extreme Anstrengungen abverlangt, können veränderte Bewusstseinszustände und vorübergehende Highs auslösen – aber wozu? Ich bin vor vielen Jahren im Osten umhergereist und dort manchem Pfad gefolgt, bis die Suche ihren Schwung verbraucht hatte und ich zur Ruhe kam. Heute stehen überall die Schamanen, Gurus und Führer bereit und warten nur darauf, jeden zu einem Ausflug auf ihrem jeweiligen Pfad mitzunehmen. Doch alle diese Pfade sind nur »Unterrichtseinheiten« in der Schule des Alltags, Teile jenes großen Abenteuers, bei dem wir alles lernen, was wir wissen müssen, das uns jedoch nie verrät, was der nächste Tag bringen wird. Dazu fällt mir eine Geschichte ein:

Gegen Ende des Zweiten Weltkriegs, während der Besetzung Deutschlands durch die alliierten Streitkräfte, wurden zwei junge Männer aufgegriffen und in einem amerikanischen Kriegsgefangenenlager interniert. Verhöre erbrachten überhaupt nichts, weil diese beiden einfach nicht sprachen und auch unter den übrigen deutschen Gefangenen stumm blieben. Die anderen Gefangenen behaupteten steif und fest, nichts über dieses sonderbare Paar zu wissen. Es war aber jemand da, der sich mit asiatischen Sprachen auskannte, und der fand bald heraus, dass es sich um Tibeter handelte. Sie waren heilfroh, dass sie sich endlich jemandem verständlich machen konnten, und erzählten ihre Geschichte.

Die beiden Freunde hatten etwas von der Welt außerhalb ihres Dörfchens sehen wollen. So überquerten sie im Sommer 1941 die Nordgrenze Tibets und trieben sich wochenlang fröhlich auf sowjetischem Territorium herum,

*Jeder Tag formt
unser Leben
wie fließendes
Wasser den Stein.*
ANONYM

bis sie irgendwann aufgegriffen, mit Hunderten anderer junger Männer in einen Zug gesteckt und gen Westen verfrachtet wurden. In einer Kaserne rüstete man sie mit Uniform und Gewehr aus, ließ ihnen so etwas wie eine Grundausbildung angedeihen und verlud sie dann in Truppentransporter, die sie an die Front bringen sollten. Nun waren die beiden aber buddhistisch erzogen worden, und Töten kam für sie nicht in Frage. Mit Entsetzen nahmen sie an der Front wahr, wie die Gegner einander mit Artillerie, Gewehren und sogar im Kampf Mann gegen Mann umbrachten – und »desertierten«. Wieder wurden sie gefasst, diesmal von den Deutschen. Ein Zug brachte sie nach Deutschland, und hier wurden sie nach der Landung der Alliierten in der Normandie noch einmal rekrutiert, diesmal für das letzte Aufgebot. Man versah sie mit dem Notwendigsten an Ausrüstung und Ausbildung und schickte sie in den Kampf. Natürlich entzogen sie sich dem Gemetzel abermals durch die Flucht und wurden prompt wieder aufgegriffen, jetzt aber von den Amerikanern. Damit war das für sie völlig unbegreifliche Kriegsabenteuer endlich zu Ende.

Oftmals beziehen wir die größten Lehren auf ganz schlichte und alltägliche Weise.
PEARL S. BUCK

Der seltsam verschlungene Weg dieser beiden Versprengten hat etwas von unserem Gang durch die Schule des Lebens. Denken Sie nur an die unverhofften Wendungen, die unsere Lebensreise manchmal nimmt. Das tägliche Leben ist unsere »Suche nach einer ganz anderen Sicht der Dinge«; es ist die Schule, in der wir lernen, was es heißt, ein Mensch zu sein. Dieses Leben, dieser Augenblick, ist unsere Heldenreise, unser Augenblick der Wahrheit, unsere Nahtoderfahrung. Beziehungen, Familie, Arbeit, Gesundheit und Geld sind die Herausforderungen, vor die Gott uns stellt. Wenn Sie Abenteuer wollen, achten Sie einfach genau auf jeden Augenblick, und entdecken Sie das Wunderbare im Gewöhnlichen. Wählen Sie Ihren »Kurs« aus dem »Vorlesungsverzeichnis«. Sehen Sie zu, wie Sie auf kreative Weise der Familie und dem Gemeinwesen dienlich sein können. Das wird dann die denkbar aufregendste »Suche nach einer ganz anderen Sicht der Dinge«.

Was bedeutet das für Sie persönlich?

Ihre Kurse in der Schule des Lebens werden Ihnen nach und nach offenbaren, wozu *Sie* hier sind. Sie werden kleinere, nahe liegende Ziele wie Frühstückmachen, Wäschewaschen oder den Weg zur Arbeit von größeren, längerfristigen Aufgaben und Zielen zu unterscheiden lernen – sich um Ihren Körper kümmern, Ihre Beziehungen verbessern, etwas für Familie, Freunde und die Welt leisten. Wir gewinnen Weisheit auf diesem Weg durch die Lektionen des Lebens sowie durch unsere kleineren und größeren Aufgaben.

Notieren Sie drei unmittelbare Ziele, die Sie heute erreichen möchten.

Notieren Sie nach der Reihenfolge ihrer Wichtigkeit drei größere Ziele oder Träume, die Sie dieses Jahr, in den nächsten zehn Jahren oder in diesem Leben erreichen oder verwirklichen möchten.

22

Wo finde ich den richtigen Lehrer?

*Unsere Lehrer erscheinen
in vielerlei Gestalt*

Meister und Lehrer findet man nicht nur auf
einsamen Berggipfeln oder in den Ashrams des
Ostens. Auch Freunde und Gegner, ja sogar Wolken,
Tiere, Wind und Wasser können unsere Lehrer sein.
Augenblick für Augenblick offenbaren unsere Lehrer
uns, was wir wissen müssen. Die Frage ist nur:
Hören wir zu? Wenn der Schüler bereit ist, taucht
der Lehrer auf, überall.

Frage *Ich habe viele Bücher gelesen, und die Workshops und Seminare, die ich besucht habe, sind nicht mehr zu zählen. Aber ich brauche unmittelbare Anleitung durch einen persönlichen Lehrer. Braucht man nicht einen Lehrer, Guru oder Führer, um den Weg ganz bewältigen zu können?*

Antwort Wer den Weg ganz allein zu gehen versucht, verfängt sich leicht in Einbildungen. Im Umgang mit anderen lernen wir uns einfach besser kennen. Aus Büchern kann man zwar viel lernen, aber ein persönlicher Lehrer wird seine Unterweisung ganz auf unser Temperament und unsere individuellen Bedürfnisse abstimmen. Im Buddhismus und anderen Traditionen gelten das Zusammenspiel von Lehrer, Lehre und spiritueller Gemeinschaft als das ideale Lernumfeld. Aber achten Sie bei jedem Schritt darauf, wohin Sie den Fuß setzen: Sogar echte Lehrer werden manchmal durch die blinde Verehrung ihrer Anhänger verdorben. Seien Sie also auf der Hut, halten Sie die Augen so offen wie Ihr Herz. Auch ein echter Lehrer muss sich das Vertrauen seiner Schüler erst erwerben. Meiden Sie jeden, der von Anfang an vollständige Ergebenheit fordert. Achten Sie weniger auf das, was einer sagt, als auf das, was er tut. Und sehen Sie sich um: Führen die Schüler das Leben, das Sie anstreben? Sind sie freundlich, mitfühlend, ausgeglichen, gesund, ehrlich, offen, achtungsvoll? Haben Sie Humor? Wenn nicht, dann sehen Sie sich besser anderswo um.

Unser Umgang mit Lehrern vollzieht sich häufig nach dem Muster der drei Lebensabschnitte Kindheit, Jugend und Erwachsenenalter. Kinder suchen bei ihren Eltern Anleitung und Schutz und sind gute Anhänger (und manche Lehrer spielen nur zu gern Vater oder Mutter). Heranwachsende lehnen jegliche Autorität ab und betrachten die meisten Lehrer mit Skepsis. Erwachsene setzen ihr reifes Urteilsvermögen ein und lernen, was immer sich bietet

> Deine Lehrer sind ohne Zahl: Das Willkommene ebenso wie die zugefügte Qual und jeder Augenblick und Umstand – sie alle sind deine Lehrer.
>
> SINNSPRUCH DER BENGALISCHEN BAUL-SEKTE

und wo immer es sich bietet – sie lernen von Narren wie von Weisen, von Freunden wie von Feinden, von den Tieren und den Säuglingen und den Alten. Wir lernen durch Erfahrung und Lebensumstände, wir lernen durch Nöte und aus Einsicht.

Wie zum Beispiel in dieser Geschichte: Zembu, ein junger Samurai, ließ sich auf eine Liebelei mit der Frau seines Herrn ein. Man kam ihm auf die Schliche, und beim unvermeidlichen Zweikampf tötete er seinen Herrn und floh in eine ferne Provinz. Dort fand er jedoch keine Anstellung und wurde ein Dieb, bis ihm eines Morgens plötzlich klar wurde, was er da aus seinem Leben gemacht hatte. Um den angerichteten Schaden wieder gutzumachen, gelobte er eine gute Tat.

Sieh genau auf deine Feinde, denn sie sind die Ersten, die deine Fehler offenkundig machen.
ANTISTHENES

Bald darauf nahm er einmal einen Weg an einem gefährlichen Felsabsturz entlang, wo schon viele den Tod gefunden hatten. Er nahm sich vor, einen Tunnel durch den Berg zu graben, so dass niemand sich mehr der Gefahr aussetzen musste. Am Tag bettelte Zembu um Nahrung, und nachts grub er. Dreißig Jahre später, als der Gang bereits eine Länge von siebenhundert Metern hatte und nur noch wenige Monate zu seiner Vollendung brauchte, wurde Zembu von dem jungen Samurai Katsuo gestellt. Katsuo war der Sohn des von Zembu getöteten Edelmannes, der jetzt kam, um seinen Vater zu rächen.

Beim Anblick des Schwertes sagte Zembu: »Ich gebe dir mein Leben gern, aber lass mich vorher noch mein Werk vollenden.« Katsuo willigte ein und wartete ungeduldig Monat für Monat auf seinen Augenblick, während Zembu grub. Schließlich sah Katsuo den Tag kommen, und da er inzwischen auch das Nichtstun leid war, legte er selber Hand an und half beim Graben. Sie arbeiteten Seite an Seite, und Katsuo konnte nicht umhin, die unbeugsame Zähigkeit des Älteren zu bewundern. Dann war der Tun-

26

nel endlich fertig, und alle Reisenden konnten den unge-
fährlichen neuen Weg nehmen.

Zembu wandte sich an den jungen Krieger und sagte:
»Meine Arbeit ist getan. Jetzt kannst du mir den Kopf abschlagen.«

Doch Katsuo antwortete mit Tränen in den Augen: »Wie
könnte ich meinem Lehrer den Kopf abschlagen?«

Ein altes Sprichwort sagt: »Wir haben keine Freunde,
wir haben keine Feinde, wir haben nur Lehrer.«

In welcher Form die Weisheit sich auch zeigen mag,
sorgen Sie dafür, dass Sie sie nicht übersehen.

> Wir alle sind
> Lehrer, und
> die Frage ist
> nicht, ob
> wir lehren,
> sondern was.
> ANONYM

Frage *Ich bin zweiundzwanzig Jahre alt und auf der Suche
nach einem Sinn im Leben. Ich habe daran gedacht, im
nächsten oder übernächsten Jahr für ein paar Monate nach
Indien zu gehen. Allerdings habe ich einen zweijährigen
Sohn. Jetzt versuche ich für mich zu klären, was richtig und
redlich ist. Ich möchte so viel lernen, wie ich kann, aber mein
Sohn braucht mich. Was können Sie mir raten?*

Antwort Ob Pilgerfahrt oder Urlaub – Reisen in exotische
Gegenden können den Horizont erweitern und sehr an-
regend wirken. Aber die Welt ist heute ein Dorf geworden,
und der Osten hat keineswegs die Weisheit gepachtet.
Ich bin durch meine Reisen darauf gekommen, dass es zu
Hause am besten ist, denn die universalen Weisheiten offenbaren sich überall im Alltag.

Elternschaft ist für mich eine heilige Aufgabe und das
denkbar beste Lernumfeld. Ihren Jungen großzuziehen,
das fordert und fördert Sie mehr als Meditation in einer
Höhle oder die Verbiegungen und Atemübungen in einem
Ashram. (Ich habe das alles gemacht und weiß es daher.) Die spirituellen Geheimnisse erschließen sich uns auch
hier, in unserem eigenen Land, Wohnort, Zuhause und
Herzen. Ich denke, Sie werden die Reisen durch die Kind-

heit, die Sie mit Ihrem Sohn erleben, als so bereichernd empfinden wie jede Flug- oder Schiffsreise.

Und wenn Sie die Pforten der Wahrnehmung öffnen, werden Sie Ihre Lehrer nicht nur in Menschen finden, die Sie als Lehrer ansehen, sondern auch in Kindern und Fremden, ja in der Natur und in allen unerwarteten Lebensumständen. Ein Beispiel:

Als der Physiker Archibald J. Cronin in den Ruhestand ging, zog er in ein kleines Bauerndorf in Schottland, um einen Roman zu schreiben. Monatelang beschrieb er von Hand einen Block nach dem anderen und schickte das fertige Manuskript dann nach London, um es abtippen zu lassen. Als er es zurückbekam, las er es noch einmal durch – und fand sein Werk erschreckend dürftig. Voller Abscheu packte er das Manuskript, warf es draußen auf einen Aschenhaufen und machte sich auf zu einem Spaziergang in die Heide.

Bald traf er auf einen alten Bauern, der in einer sumpfigen Wiese einen Abzugsgraben aushob. Der Bauer erkundigte sich bei Cronin, was denn die Schriftstellerei mache, und erfuhr vom Schicksal des Manuskripts. Er überlegte eine Weile und sagte dann: »Mein Vater hat sein Leben lang Abzugsgräben in dieser Sumpfwiese angelegt, aber eine Weide ist sie doch nicht geworden. Ich habe es auch so gemacht, aber bisher ebenfalls ohne Erfolg. Macht nichts, ich weiß jedenfalls, was mein Vater auch schon gewusst hat: Wenn man nur lange genug gräbt, kann schließlich doch eine Weide entstehen.«

Cronin ging zurück zum Haus, zog das Manuskript aus der Asche und trocknete es im Backofen. Dann machte er sich wieder an die Arbeit und schrieb das Manuskript so lange um, bis er zufrieden war. Dieses Buch, *James Brodie: der Hutmacher und sein Schloss*, wurde das erste einer ganzen Reihe erfolgreicher Romane – und nur, weil er im Sumpf auf einen Lehrer gestoßen war.

Es gibt ein Licht, aber viele Lampen.
SPRICHWORT

Alles in dieser Welt hat eine verborgene Bedeutung ... Menschen, Tiere, Bäume, Sterne sind lauter Hieroglyphen ... Wir meinen, es seien wirklich nur Menschen, Tiere, Bäume und Sterne ... Manche von uns begreifen erst nach vielen Jahren.
NIKOS KASANTZAKIS

Unsere Kinder sind viel mehr wert als ein Manuskript, und sie wachsen schnell. Die Welt wartet auch dann noch auf Sie, wenn Ihr Sohn groß genug ist, um mitzufahren oder seinem eigenen Pfad zu folgen, während Sie Ihren gehen. Fragen Sie sich also, worauf Sie in späteren Jahren zurückblicken möchten: dass Sie Ihr Zuhause verließen, um sich zu finden, oder dass Sie Ihren Sohn für die paar Jahre, die er Ihrer Fürsorge bedurfte, wichtiger nahmen? Sie werden keine höhere Berufung, kein größeres Glück, keine bessere Unterweisung, keine Reise von größerem spirituellem Wert finden, als jetzt für Ihren Sohn da zu sein, während er heranwächst.

Was bedeutet das für Sie persönlich?

Wir glauben gern, unsere Ausbildung sei mit dem Schul- oder Hochschulabschluss beendet. Aber unsere Ausbildung beginnt gerade erst, wenn wir von den Lektionen der Schule zu denen des Lebens in dieser Welt übergehen. Unser Leben lang begegnen wir immer wieder neuen Lehrern (ohne sie immer als solche zu erkennen), wenn wir nur Augen und Ohren aufmachen.

Praktizierende Buddhisten rufen sich immer wieder in Erinnerung, dass der Buddha in allem und allen ist. Deshalb gehen sie mit allen Dingen achtungsvoll um. Auch viele Christen erkennen Jesus als göttlichen Funken in allen Lebewesen, und Ähnliches gilt für viele Religionen. Wenn wir das vor Augen behalten, finden wir überall weise Lehrer, wo wir bis dahin nur Gewöhnliches zu sehen glaubten. Und wir können auch in uns selbst einen Buddha, einen Jesus, einen unerschöpflichen Quell der Weisheit finden. Wir müssen nur darum bitten und dann lauschen und vertrauen.

Notieren Sie mindestens drei Menschen, Situationen oder Erlebnisse, die für Sie Lehrer gewesen sind.

Fassen Sie zu jedem Eintrag mit wenigen Worten kurz zusammen, was Sie gelernt haben.

*So viele Bücher
und Seminare –
warum hat
sich mein Leben
nicht geändert?*

Am besten lernen wir
durch unmittelbare Erfahrung

Durch die Lektionen des Lebens gewinnen wir ein

tieferes Wissen als durch die Wort-Lektionen der

Schule. Wort-Lektionen vermitteln ihre Inhalte

durch Begriffe, während die Lektionen des Lebens uns

als Erfahrungen zuteil werden. Worte und Begriffe

können wohl eine Wegbeschreibung geben,

aber Erfahrung vermittelt nur die Reise selbst.

Keine Erfahrung ist je umsonst, denn jede enthält

eine Lehre. Die Lehren der Erfahrung sind immer zum

Guten, auch wenn die Erfahrung selbst uns nicht

begeistert.

Frage *Ihre Ansichten über Meditation sind etwas unortho-dox, mancher möchte vielleicht sagen respektlos. Könnten Sie diese Ansichten erläutern und außerdem mitteilen, wie Sie dazu gekommen sind?*

Antwort Die Meditation im Sitzen, wie sie in etlichen alt-ehrwürdigen Traditionen geübt wird, hat in vielerlei Hin-sicht ihr Gutes. Ich habe selbst in bestimmten Lebens-abschnitten meditiert und besitze große Hochachtung vor dieser Tradition. Meditation dient nicht nur dem allge-meinen Wohlbefinden und beflügelt die Kreativität, son-dern verschafft uns auch Einblick in das Wesen des Geis-tes. Nur kann man das Leben nicht von Anfang bis Ende sitzend zubringen; man muss immer wieder aufstehen und die Übung des Alltags fortsetzen.

Was manche als meine Respektlosigkeit gegenüber der Meditation ansehen, ist nur ein Gegengewicht zur blinden Anbetung der Meditation durch einige allzu enthusiasti-sche Sucher, die in ihr den einzigen Weg zur Erleuchtung sehen. Ich betrachte die Meditation nicht als Weg *zur* Er-leuchtung, sondern als Übung *der* Erleuchtung. Wir sitzen still, ausgeglichen, gesammelt und aufrecht – auch inner-lich weder vorwärts in die Zukunft noch rückwärts in die Vergangenheit geneigt –, und so entsteht eine erleuchtete Gestimmtheit, eine Haltung reiner Bewusstheit, in der wir alles, was sich zeigt, von der Warte göttlicher Gelassen-heit aus betrachten.

> Wer seine Kindheit überlebt hat, besitzt für den Rest seiner Tage genügend Informationen über das Leben.
> FLANNERY O'CONNOR

Das Leben eines Meditierenden jedoch ist mit den glei-chen Schwierigkeiten behaftet wie das eines Nichtme-ditierenden – Beziehungskisten, Finanznöte und andere Zwangslagen dieser Art. Meditation ist demnach kein All-heilmittel. Wenn wir nur die Augen aufmachen, erwartet uns die unmittelbare Erfahrung des Lebens. Der Prüfstein jeder spirituellen Praxis ist der Alltag. Deshalb muss Me-ditation schließlich durchgängig geübt werden, von Au-

> Erfahrung zerstört die Unschuld, führt einen aber auch zurück zu ihr.
> JAMES BALDWIN

Glaube dem,
der es erprobt hat.
VERGIL

genblick zu Augenblick, und nicht nur dann, wenn wir uns zum Meditieren hinsetzen. Ich praktiziere heute die Meditation mit offenen Augen, um jeden Augenblick ganz zu erfassen, um jede Erfahrung so zu sehen, wie sie ist – und nicht wie sie meiner Meinung nach aussehen sollte. Wir achten auf Atmung, Entspannung und Bewegung, und erst dadurch bekommt die Meditationsübung ihren wahren Stellenwert. Dann ist sie für uns nicht mehr gelegentlicher Besucher, sondern Familienmitglied, nichts Separates, sondern eingebunden ins Ganze. Diese meditative Haltung im Alltag teilt jedem Augenblick und jeder Erfahrung das Licht der Bewusstheit mit.

Frage *Angenommen, man ist fünfundzwanzig Jahre alt und hat noch nicht viel wirklich tiefgehende persönliche Entwicklungsarbeit geleistet. Jetzt stößt man auf Bücher wie beispielsweise Ihre. Glauben Sie, dass solche Bücher für sich allein genügend Aufschluss geben können, um einen dahin zu bringen, wo Sie jetzt sind? Würden die meisten sich nicht trotzdem noch gedrängt fühlen, den chaotischen Weg der Lehrer, Übungen und Gemeinschaften zu gehen?*

Gekonnt verrichtete Arbeit
lehrt etwas, was in
Büchern und an
Hochschulen nicht
zu finden ist.
HARRIET
ROBINSON

Antwort Dazu fällt mir die Geschichte eines jungen Gelehrten aus gutem Hause ein, der kaum etwas anderes tut, als die großen Lehren zu lesen und zu studieren. Eines Tages ist er unterwegs und kommt an einen breiten Fluss, wo er auch einen Fährmann findet. Während der Überfahrt kommt ein Gespräch in Gang, und der Gelehrte erzählt von seinem dem Studium gewidmeten Leben. Der Fährmann hört aufmerksam zu. Nach einiger Zeit sagt er zu dem jungen Mann: »Da habt Ihr eine Menge gelernt, Herr. Aber habt Ihr denn auch schwimmen gelernt?«

»Schwimmen? Du meine Güte, nein.«

»Dann muss ich Euch leider mitteilen«, sagt der Fährmann, »dass Euer Wissen nicht viel wert ist. Wir sinken.«

Direkte Erfahrung ist und bleibt der beste Lehrer, aber ein Buch kann uns Aufschluss über das Gelände geben, so dass wir mehr aus unserer Erfahrung zu lernen vermögen. Ein Buch kann uns den Weg zeigen, aber die Reise müssen wir doch selbst unternehmen. Die Frage lautet also nicht: Bücher *oder* unmittelbare Erfahrung. Klug ist vielmehr der mittlere Weg, der beide bejaht. Unsere Erfahrungen im Leben sind dann vielleicht immer noch schwierig, aber wir lernen mehr aus ihnen.

Es braucht vielleicht Jahre der Erfahrung, bis wir die aus Büchern gelernten Prinzipien und Übungen in unser Leben integriert haben. Das Leben unterweist uns weiter und macht uns bescheidener; unsere Interessen ändern sich, und wir werden empfänglich für andere Dinge. Einerlei, was wir aus Büchern gelernt haben, das Leben ist nun mal so, dass wir erst das Gesicht verlieren, bevor wir Weisheit finden, dass wir erst auf die Knie fallen, bevor wir den Himmel schauen, dass wir uns dem Dunkel in uns stellen müssen, bevor wir Licht sehen. Jeder durchstreift den Dschungel der Erfahrung und sammelt Wissen über diese Welt, und was auch immer uns begegnet, ist uns auf irgendeine Weise dienlich. Wir kommen durch Fehlschläge zum Erfolg, lernen aus unseren Fehlern und steigen auf einer gewundenen Treppe zu immer größeren Höhen auf.

> Erfahrung ist nicht das, was geschieht, sondern was wir aus dem Geschehenden machen.
> ALDOUS HUXLEY

> Ich höre, und ich vergesse; ich sehe, und ich erinnere; ich tue, und ich verstehe.
> ZEN-SPRICHWORT

Was bedeutet das für Sie persönlich?

Ein witziger Zeitgenosse hat einmal gesagt: »Die Einzigen, die von der Erfahrung anderer profitieren, sind die Biographen.« Wenn das so wäre und wir nur aus unserer eigenen Erfahrung lernen könnten, müsste jeder wieder bei Null anfangen und das Rad erfinden und alle Fehler unserer Vorfahren noch einmal machen – aus der Geschichte wäre dann wirklich nichts zu lernen. Da wir aber durch unser Menschsein alle miteinander verbunden sind, können wir eben doch aus der Erfahrung anderer Nutzen ziehen. Dies freilich nur dann, wenn wir sie verstehen und uns zu eigen machen.

Einer meiner Freunde wurde beim Überqueren einer stark befahrenen Kreuzung angefahren, und als er wieder auf den Beinen war, schärfte ich ihm ein, künftig in beide Richtungen zu blicken. Das Gleiche sagte ich mir natürlich auch selbst. Wir lernen durch unsere eigene Erfahrung, aber wenn wir auch auf die Erfahrung anderer achten, stehen uns ganze Menschenleben mit all ihrer gewöhnlichen Straßenschläue und höheren Weisheit zur Verfügung.

Notieren Sie drei Lehren oder Einsichten, die Sie aus Büchern bezogen haben.

Notieren Sie drei Lehren, die Sie aus Ihrer eigenen Erfahrung gezogen haben.

Welche sind Ihnen sehr lebhaft gegenwärtig und von besonderer Tiefe für Sie?

38

*Wie kann ich
meine Versagensangst
überwinden?*

Fehlschläge sind die Stufen zum Erfolg

Der Weg zum Erfolg ist mit kleinen Fehlschlägen gepflastert. Wenn Sie das nicht glauben, lernen Sie doch mal das Jonglieren. Kleine Kinder sind Meister des Lernens. Ihre Methode: Versuch und Irrtum. In dieser Technik sind sie uns allen überlegen – niemand sonst tappt so oft daneben, und niemand sonst lernt so schnell. Wozu also das Versagen fürchten? Jeder Patzer lehrt uns etwas und bringt uns etwas. Jede so erworbene Lehre vertieft unser Wissen. Jeder Fehlschlag ist neuer Ansporn. Fehlschläge und Fehler sind die Sprossen der Leiter zu dem, was in Ihnen steckt. Wenn Ihnen nie etwas danebengeht, haben Sie sich keine wirklich lohnenden Ziele gesteckt.

Frage *Mein bester Freund und zugleich Geliebter will dieses Wochenende mit dem Trinken aufhören. Er wird einfach damit aufhören, von heute auf morgen. Und ich helfe ihm dabei. Ich habe ihm gesagt, dass ich ihn notfalls auf der Couch festbinden werde. Hätten Sie sonst noch eine Idee?*

Antwort Wenn er mit dem Trinken aufhören will, zeigt das ja, dass er ein Problembewusstsein hat. Damit geht er schon viel weiter als andere, die so zu tun versuchen, als wäre nichts, und die deshalb von ihrem Muster nicht loskommen. Im Leben geht es darum, was wir lernen. Sein wohl oftmals erlebtes Versagen hat ihn nun zu diesem Kampf antreten lassen, und er kämpft um sein Leben. Aber mal angenommen, Ihr Freund bewältigt die erste sehr harte Phase des Entzugs – in ein Zimmer eingesperrt oder buchstäblich ans Bett gefesselt oder mit Medikamenten oder in einer dem Entzug dienenden Einrichtung; es bleibt ihm dann immer noch das größere Problem des Trockenbleibens. Das erste Stadium, der Entzug, ist nur einer von vielen Schritten zur endgültigen Überwindung der Sucht.

Niemand unterbricht eine Gewohnheit nur einmal. Wir müssen tausendmal mit dem Gewohnten brechen, nämlich jedes Mal wenn das Gefühl aufkommt, wir brauchten unbedingt noch einen Schluck, noch einen Schuss, noch ein Irgendwas – nur einmal noch, nur ein ganz kleines bisschen, nur um zu beweisen, dass wir es unter Kontrolle haben. Da sind wir sehr findig, wirklich überzeugende Gründe dafür zu konstruieren, dass es gut und notwendig und nützlich ist. Deshalb müssen wir den Bruch mit dem Gewohnten ständig neu vollziehen, unseren Entschluss erneuern – und beten, Augenblick für Augenblick, auch im Versagen, auch im Erfolg. Es geht hier, ob es so aussieht oder nicht, um Leben und Tod. Deshalb würde ich jedem Süchtigen raten, sich nach dem Entzug

> Ein Misserfolg, aus dem wir lernen, ist ein Erfolg.
> MALCOLM FORBES

mit den Anonymen Alkoholikern oder anderen spezialisierten Gruppen in Verbindung zu setzen. Sorgen Sie, um trocken oder clean zu bleiben, rechtzeitig für psychologische Betreuung, Rückhalt durch eine Gruppe, Veränderung des Umfelds oder die Möglichkeit zu geeigneter meditativer Praxis. Und gehen Sie dann vom Entzug zur Selbstentdeckung über: Klettern Sie aus Ihrem Loch und dann den Berg hinauf.

Nun hat aber nicht Ihr Freund mir geschrieben, sondern Sie. Deshalb kann ich nicht von seinem Kampf sprechen, sondern nur von Ihrem. Bitte achten Sie darauf, dass Sie sich in den Kampf nicht zu sehr hineinziehen lassen; Sie können nicht seine Stärke sein. Sie können Ihre Grenzen ziehen und ein Beispiel geben und ihn dadurch beim Nüchternwerden unterstützen, aber Sie können es ihm nicht abnehmen. Kein Mensch besitzt die Macht, einen anderen zu erlösen. Sie können Ihrem Freund nur Mut machen, sich selbst zu erlösen und sein früheres Versagen in Freiheit umzumünzen. Über Erfolg und Misserfolg entscheiden aber letztlich sein Entschluss, sein Mut und sein Verhalten.

> Wir erkunden, was nicht geht, und finden dadurch heraus, was geht. Wer nie einen Fehler macht, macht auch nie eine Entdeckung.
> SAMUEL SMILES

Frage *Wenn ich eine Frau sehe, die mir gefällt, tue ich so, als bemerkte ich sie nicht. Ich versuche mir zwar einzureden, das geschehe aus höflichem Respekt und in der Absicht, ihr nicht zu nahe zu treten, aber mir kommt der Verdacht, dass ich wohl einfach schüchtern bin oder wenig Selbstwertgefühl habe. Außerdem bin ich äußerst wählerisch. Schon bevor es zu einem Annäherungsversuch kommen könnte, sortiere ich die meisten als eingebildet, egozentrisch, oberflächlich, ja sogar als zu attraktiv aus. Vielleicht habe ich einfach nur Angst. Ich treffe mich nur mit Mädchen, die mir nicht wirklich wichtig sind und in die ich nicht zu viel investiere; wenn sie mich dann sitzen lassen, tut es wenigstens nicht so weh. Verderbe ich mir alles mit meinen Ängsten?*

> Ein Leben voller Fehler ist nicht nur achtbarer, sondern auch nützlicher als ein im Nichtstun zugebrachtes Leben.
> GEORGE BERNARD SHAW

Antwort Als ich klein war, stand ich einmal auf einem Dach und rang um den Entschluss, von dort oben in einen Sandhaufen zu springen. Da sagte ein etwas älterer Freund: »Hör auf zu überlegen und spring!« Das möchte ich Ihnen auch raten. Wenn Sie aufhören, sich Gedanken über Ihren Wert zu machen, wird Ihnen vielleicht auffallen, dass da einfach ein anderer Mensch steht, der auch seine Ängste, Befürchtungen und Hoffnungen hat.

Die Angst vor Zurückweisung ist ebenso natürlich wie verständlich, eine Urangst. Doch das Leben bietet uns viele Gelegenheiten, solche Ängste und Zweifel zu überwinden. Ich kenne da nur einen einzigen Weg: es einfach tun. Bereit zu sein, auf dem Gebiet der Gefühle etwas zu riskieren, bedeutet, dass man lebendig ist. In der Liebe geht es nicht einfach um Geborgenheit und Behagen; Liebe heißt leben und lernen. Sie kennen vielleicht den Spruch »Im Hafen sind Schiffe sicher, aber dazu sind Schiffe nicht da«. Setzen Sie also Segel auf dem stürmischen Meer der Liebe. Sie werden da manchmal nass bis auf die Haut, aber dafür wissen Sie, dass Sie lebendig sind.

> Wenn du keinen Fehler machen kannst, kannst du gar nichts machen.
> MARVA N. COLLINS

Dranbleiben ist hier das Motto. Sehen Sie sich Leute an, die es schaffen, und schauen Sie denen ihre Geheimnisse ab. Fragen Sie oft genug, und irgendwann wird sich etwas auftun. Kein Fehlschlag ist endgültig, es sei denn, Sie erklärten ihn dazu. Bei Ihren ersten Steh- und Gehversuchen sind Sie hingefallen; Ihre ersten Baseballschläge gingen daneben. Sieben Verlage haben Margaret Mitchells *Vom Winde verweht* abgelehnt, bevor endlich einer zugriff; R. H. Macy schaffte es erst nach mehreren Fehlschlägen, in New York ein Kaufhaus aufzuziehen, und heute ist Macy's eine der größten Kaufhausketten; der englische Romanautor John Creasey erhielt 753 Routine-Ablehnungen, bevor das erste seiner 564 Bücher veröffentlicht wurde. Und über dreihundert Banken lehnten Walt Disneys Pläne ab, bevor sich endlich eine bereitfand, den Aufbau von Disneyland zu finanzieren. Jeder Fehlschlag bringt uns dem Erfolg näher; vergessen Sie nicht, dass manchmal erst der letzte Schlüssel am Bund die Tür öffnet.

In der Versagensangst unterlassen wir oft bereits den Versuch. Aber erst im Versuch und durch die Fehler, die wir machen, wachsen wir in unser Leben und in uns selbst hinein. Die Devise also: Lerne aus den Fehlschlägen, aber sei auf Erfolg aus. Am Ende kommt es auf Ihr Wissen viel weniger an als auf das, was Sie tun. Wenn Sie also wieder mal einer anziehenden Frau begegnen, versuchen Sie es doch einmal mit dem direkten Weg. Bringen Sie das zum Ausdruck, was Sie wirklich meinen. Dann wird es schon werden – oder eben nicht. Manche Menschen werden Sie ganz instinktiv mögen und andere nicht. Wozu sich das Hirn zermartern über Leute, die einen nicht mögen? Wenn eine Frau nicht auf Sie abfährt, müssen Sie sich dann auch noch selbst zur Schnecke machen? Sie könnten sich doch auch sagen, dass sie sich da die Chance ihres Lebens entgehen lässt, die Ärmste. Und wenn sie ja sagt, stehen Sie vor ganz neuen Herausforderungen.

Wie die Basketball-Legende Michael Jordan sagt: »Wir landen null Prozent der Würfe, die wir nicht machen.« Werfen Sie also. Riskieren Sie den Fehlschlag, und seien Sie auf Erfolg aus. Wie es auch ausgehen mag, so bleiben Sie jedenfalls im Spiel. Und das ist der Sinn des zielstrebigen Lebens.

So gut wie nichts klappt gleich beim ersten Mal. Fehlschläge – und Fehlschläge über Fehlschläge – sind Pfosten an der Straße zum Ziel.
CHARLES F. KETTERING

Ich habe sprechen gelernt, wie man Schlittschuh- oder Radfahren lernt: mich immer wieder blamiert, bis ich es konnte.
GEORGE BERNARD SHAW

Was bedeutet das für Sie persönlich?

Wir fürchten Fehlschläge und merken dabei gar nicht, dass uns jeden Tag kleine und kleinste Patzer unterlaufen, die unser Leben begleiten und aus denen wir lernen. Wir lassen etwas fallen, finden nicht, was wir suchen, sagen oder tun Dinge, die leicht daneben sind.

Wir haben auch schon größere und folgenreichere Fehler gemacht und Fehlschläge erlebt. Aber können wir eigentlich sicher sein, dass solche Fehlschläge nicht heimliche Glücksfälle sind, die uns letztlich den Weg zu etwas wirklich Gutem ebnen?

Notieren Sie fünf Fehler (auch ganz kleine), die Sie gestern oder heute gemacht haben.

Notieren Sie drei größere Fehler oder Fehlschläge in Ihrem Leben.

Was haben Sie aus jedem dieser Fehler oder Fehlschläge gelernt, das Sie bei der nächsten Konfrontation mit einer ähnlichen Situation zum Erfolg befähigen könnte?

*Warum stößt
man immer wieder
auf die gleichen
Probleme?*

*Die Lektionen wiederholen sich,
bis wir sie gelernt haben*

Manche tun immer wieder das Gleiche und hoffen,
dass irgendwann doch mal etwas anderes dabei
herauskommt. Unsere Intelligenz dagegen erlaubt
uns, neue Fehler zu machen und aus ihnen zu lernen,
anstatt die alten zu wiederholen. Je mehr wir lernen,
desto anpassungsfähiger werden wir und desto
weniger Fehler unterlaufen uns immer wieder. Lernen
erfordert Veränderung; Veränderungen bringen
Gesichtsverlust mit sich; durch Gesichtsverlust
sagen wir uns vom Alten los; in der Lossagung vom
Alten wird das Neue geboren. Nichts ändert sich
wirklich, solange wir uns nicht ändern.

Frage *Sie haben einmal geschrieben: »Unterbewusst rich-ten wir andere mit subtilen Botschaften darauf ab, wie sie uns zu behandeln haben: durch Körpersprache, Tonfall und andere unauffällige Signale und Verhaltensweisen.« Das scheint mir wirklich so zu sein, aber man bekommt es schwer zu fassen. Können Sie Näheres zu diesen subtilen Signalen sagen – und wie wir uns mit ihnen immer wieder selbst ein Bein stellen, ohne zu begreifen, wie wir das machen?*

Antwort Wir sind oft unaufmerksam oder gedankenverlo-ren, und so entgeht uns manches. Deshalb besteht eine der wichtigsten Voraussetzungen für ein zielstrebiges Leben darin, dass wir deutlich wahrnehmen, was sich in jedem Augenblick abspielt, auch unser eigenes Tun und dessen Folgen. Misserfolge und unerwünschte Folgen lassen neue Verhaltensweisen entstehen und sorgen dafür, dass wir anders an die Dinge herangehen. Das einzige echte Ver-sagen besteht darin, nicht aus unseren Fehlern zu lernen. Darum heißt es: »Ein erkanntes Problem ist schon halb ge-löst.« Wir spulen unsere alten Muster ab, bis wir endlich auf die Aktionen, Signale und unterschwelligen Botschaf-ten aufmerksam werden, die bis dahin unbemerkt blieben. Wir alle haben das schon vielfach erlebt, sei es bei etwas so Simplem wie dem Versuch, einen Baseball zu treffen, sei es so kompliziert wie all unsere gescheiterten Bezie-hungen.

Achten Sie einmal darauf, wie Sie sich in verschiedenen Situationen bewegen, in welchem Tonfall oder mit wel-chem Unterton Sie sprechen. Das gilt vor allem für Stress-situationen, wo die meisten von uns »das Bewusstsein verlieren« – etwa bei einer gefühlsgeladenen Auseinander-setzung oder wenn Sie neuen Menschen begegnen (und augenblicklich ihre Namen vergessen). Es könnte mir bei-spielsweise nicht bewusst sein, dass ich mir auf die Lippe beiße und die Stirn runzle, wenn ich jemandem zum ers-

Die Klugen lernen aus Miss-geschicken, die Dummen wiederholen sie.
ANONYM

ten Mal begegne. Vielleicht konzentriere ich mich nur, aber andere könnten meinen Gesichtsausdruck als unfreundlich empfinden. Oder: Ich möchte mich mit einer Frau verabreden, blicke auf den Boden und sage: »Du hättest nicht Lust mal mit mir auszugehen, oder?« Die Wahrscheinlichkeit eines »Ja« ist da nicht sehr groß. Viel besser werden die Chancen, wenn ich ihr lächelnd in die Augen sehe und sage: »Ich würde dich zu gern am Freitagabend zum Essen ausführen – würde dir acht Uhr passen?«

Wenn etwas nicht klappt, wissen wir manchmal nicht, was wir selbst dazu beigetragen haben; aber wir sehen das Ergebnis und schwören uns, dass wir es das nächste Mal anders machen werden. Aber *wie* anders? Da sind wir wieder bei dem Punkt, dass Aufmerksamkeit entscheidend wichtig ist. Es kann natürlich auch sein, dass es gar nicht an unserem Verhalten liegt. Wenn wir beispielsweise jemanden fragen, der unsere Haar- oder Augen- oder Hautfarbe nicht mag, bekommen wir einfach eine direkte, ehrliche Abfuhr, und damit wissen wir Bescheid und brauchen diesen Versuch nicht zu wiederholen.

Natürlich torpediert kaum jemand willentlich seine Beziehungen oder seine berufliche Laufbahn. Aber wenn wir unsere versteckten Signale wie Körpersprache und Tonfall nicht bemerken, bekommen Fehlschläge den fatalen Hang, sich zu wiederholen. Unsere Fähigkeit, zu anderen wirklich Kontakt aufzunehmen, wird sich verbessern, wenn wir mehr auf unsere Worte, unseren Tonfall, unsere Gesten achten und bewusst wahrnehmen, wie andere auf uns reagieren. Auch sonst im Leben verbessern wir unsere »Trefferquote«, wenn wir uns das halb oder gar nicht Bewusste voll bewusst machen. Dann müssen wir nicht immer wieder dieselbe Lektion durchkauen, sondern können zur nächsten übergehen. Wir erreichen mehr von dem, was wir uns wünschen. Deshalb ist Aufmerksamkeit – mit dem Licht des Bewusstseins die letzten dunklen

Du brauchst nicht viel Grütze im Kopf, um zu wissen, dass du nach drei Fehlschlägen draußen bist.
RED SMITH, AMERIKANISCHER SPORTREPORTER

Winkel ausleuchten – eine der wichtigsten Voraussetzungen für ein zielstrebiges Leben. Das darf allerdings nicht in ständige Selbstbeobachtung ausarten, so dass wir dann jede unserer kleinen Gesten zu hinterfragen versuchen.

Bleiben Sie also bewusst – aber vor allem lebendig. Ziehen Sie los, machen Sie einfach Fehler, und lernen Sie aus ihnen. Mag sein, dass das unerforschte Leben nicht lebenswert ist, wie Thoreau sagte; ganz sicher ist aber das ungelebte Leben nicht erforschenswert.

Frage *Ich habe schon zwei Scheidungen hinter mir, und um meine jetzige Beziehung steht es gar nicht gut. Wir haben jüngst eine Trennung von einem Jahr vereinbart, um es dann noch einmal zu versuchen. Ich weiß, dass Ihre erste Ehe auch geschieden wurde, die jetzige aber schon fünfundzwanzig Jahre hält. Können Sie mir eine Vorstellung von einer funktionierenden Ehe geben?*

Antwort Die meisten Menschen, die für mehr als fünfundzwanzig Jahre als Paar zusammenbleiben, werden wohl einräumen, dass die Ehe eine Schule der Selbsterkenntnis ist, in der wir immer bescheidener werden und alle Lektionen immer wieder aufgetischt bekommen, bis wir sie gelernt haben. Am Beginn einer Ehe sind wir voller Eigenheiten und Erwartungen. Sind die Erwartungen allzu idealistisch, werden bald Enttäuschungen folgen. Dann merken wir auch, dass wir ständig gefordert sind: zu wachsen oder die Ehe zu verlassen. Wer die zweite Lösung wählt, wechselt in der Regel von einem Partner mit ärgerlichen Persönlichkeitszügen zu einem anderen mit auf Dauer ebenfalls ärgerlichen Zügen. So wird uns dieselbe alte Lektion immer wieder vorgesetzt, bis wir uns schließlich auf Gedeih und Verderb auf eine Beziehung einlassen. Natürlich soll dieses Sich-Einlassen nicht in Masochismus ausarten, und so ziehen die meisten Menschen eine

Grenze, wenn es um Süchte oder Gewalt und anderes kriminelles Verhalten oder um Untreue geht. Aber alles Übrige scheuen wir dann nicht mehr, sondern machen uns ans Aufarbeiten.

Wenn du immer dasselbe tust, bekommst du immer dieselben Ergebnisse.
ANONYM

Funktionierende Ehen sind aus Freundschaft, Austausch, Aufrichtigkeit und Loyalität gebaut, und immer wieder kommt es vor, dass man die Wünsche und Bedürfnisse des Partners über die eigenen stellen muss. Vollkommenheit dagegen wird nicht verlangt. Wenn wir einer des anderen Therapeut, Lehrer oder Antreiber zu werden versuchen, wird die Ehe ein Krieg, ein ewiges Ringen um die »Erziehung« des anderen nach dem Muster: »Wenn er/sie doch nur mit Y aufhören würde, dann könnte ich mehr X sein oder tun.«

Wir haben nur unser eigenes Verhalten in der Hand. Sie möchten beziehungsfähiger werden? Dann gestehen Sie doch einfach sich selbst und Ihrem Partner ein, dass Sie mitunter durchaus selbstbezogen und unreif sind – keineswegs immer in der Lage, sich als echter Partner zu verhalten. Und wenn Sie das sagen, dann ohne die Erwartung, dass Ihr Partner es Ihnen gleichtut. Sagen Sie mindestens einmal am Tag »Danke« und »Tut mir leid«, und achten Sie darauf, wie oft Sie Anlass dazu haben. Betrachten Sie alle Dinge mehr unter Wir- als unter Ich-Gesichtspunkten. Seien Sie auch mal bereit, sich mehr auf die Seite Ihres Partners zu schlagen und weniger die eigene Position zu vertreten. Wenn es beispielsweise Streit gibt, dann lassen Sie ruhig einmal zu, dass Sie unterliegen. Bauen Sie Ihre Freundschaft immer wieder neu – das ist dann Ihr Zuhause.

Eine funktionierende Ehe beruht vielleicht letztlich darauf, dass einer sich irgendwie mit dem anderen abfinden kann. Lassen Sie sich von Anaïs Nins Worten leiten: »Was ich nicht lieben kann, übersehe ich.« Und seltsam, indem wir uns selbst und unseren Partner annehmen, wie wir sind, und auch die lästigen Eigenheiten mit Liebe und Humor zu nehmen lernen, erschließen wir uns die Möglichkeit, aneinander zu wachsen und einer durch den anderen gewandelt zu werden. Auch ich habe es nicht immer leicht mit meiner Frau. Sie hat Eigenarten, die mich wahnsinnig machen, und da kann es schon auch mal laute Auseinandersetzungen geben. Doch das sind Unwetter, die schnell wieder abziehen. Sie ist nämlich auch Heimat, Zuhause und sicherer Hafen für mich geworden. Sie ist meine größte Kritikerin, aber zugleich der Mensch, der mit bedingungsloser Liebe hinter mir steht. Und das bin ich ebenso für sie. Es ist ein Tanz, und alles gehört dazu.

Was bedeutet das für Sie persönlich?

Fehler gehören nun mal zum Leben, und intelligent ist, wer nicht endlos dieselben Fehler wiederholt und dabei neue und andere Ergebnisse erwartet. Wiederkehrende Probleme weisen auf Lektionen hin, die wir noch nicht gelernt haben. Dass wir etwas gelernt haben, erkennen wir daran, dass wir anders handeln. Einsichten ohne entsprechende Verhaltensänderung sind kraftlos.

Notieren Sie gegenwärtig erkennbare oder frühere Wiederholungsmuster auf den folgenden Gebieten:

Beziehungen, Arbeit, Gesundheit, Finanzen.

Was haben
Sie gelernt?
Was könnten
oder konnten
Sie ändern?

*Mit meinem
Leben scheint es
abwärts zu gehen.
Wie kommt das?*

*Wenn wir die leichten Lektionen nicht
lernen, werden sie immer schwieriger*

Wer auf die geflüsterten Unterweisungen des Lebens nicht hört, für den wiederholen sie sich als unsanfter Weckruf. Wenn Gott anruft, empfiehlt es sich abzunehmen. Das Universum legt uns Steine in den Weg, wenn es darum geht, dass wir endlich aufhorchen: Körperlicher Schmerz fordert uns auf, besser für unseren Körper zu sorgen; seelische Leiden machen uns auf Illusionen und Widerstände aufmerksam; und wenn wir geistig in der Klemme sind, werden wir für die heilende Kraft des gegenwärtigen Augenblicks empfänglich. Es gibt unvermeidliche Schmerzen, doch wenn wir den sanfteren Lektionen des Lebens Beachtung zu schenken lernen, wird es Schmerz ohne Leiden sein.

Frage *Vor einiger Zeit bekam ich Zweifel an meiner Liebe zu meinem langjährigen Freund und bin mit einem Arbeitskollegen ins Bett gegangen. Seitdem ist mir klar, dass ich meinen Freund stärker und tiefer liebe, als mir bewusst war. Ich werde nie wieder an meiner Liebe zweifeln. Aber wenn ich meinem Freund von diesem Seitensprung erzählen würde, wäre es wohl vorbei, und er würde kein Wort mehr mit mir sprechen. Er hat eine sehr schwere Kindheit gehabt und wurde von seiner Familie verlassen. Was raten Sie mir? Weitermachen und mir verzeihen oder gestehen und dann auf mich nehmen, dass ich dieses Leben ohne meinen Seelengefährten verbringen muss?*

Antwort Jeder begangene Fehler offenbart etwas über uns selbst und das Wesen der Dinge. Irrtümer lassen sich nicht rückgängig machen, aber wir können aus ihnen lernen. Nicht gelernte Lektionen kehren in schwierigerer Form wieder, und unser Bedauern sagt noch nicht, dass wir gelernt haben. Sie schreiben, Sie hätten mit einem Arbeitskollegen geschlafen, weil Sie an Ihrer Liebe zu Ihrem Freund zweifelten, und seitdem hätten Sie festgestellt, dass Ihre Liebe tiefer ist, als Ihnen bewusst war. Dann sagen Sie, Sie würden *nie* mehr an Ihrer Liebe zweifeln. Ist das realistisch? Auch in der besten Beziehung kommen manchmal Zweifel auf. Was würden Sie dann tun? Ob Sie Ihrem Freund nun von der Sache erzählen oder nicht, seien Sie ehrlich sich selbst gegenüber. Viele Menschen zweifeln manchmal an ihrer Liebe und bleiben doch treu. Sie waren es nicht.

Sollten Sie Ihrem Freund erzählen, was vorgefallen ist, so lassen Sie alle Erklärungen und Entschuldigungen weg, übernehmen Sie die volle Verantwortung. Sprechen Sie Ihr Bedauern aus; erklären Sie, was Sie gelernt haben und dass Sie nicht möchten, dass es sich wiederholt. Vielleicht ist es ihm dann möglich, Ihnen zu verzeihen, viel-

> Krankheit ist der Arzt, auf den wir am ehesten hören. Der Güte und Weisheit geben wir allenfalls Versprechen, aber dem Schmerz gehorchen wir.
> MARCEL PROUST

leicht auch nicht. Kann sein, dass Ihre Beziehung dieses Geständnis nicht überlebt. Sollten Sie aber zusammenbleiben, wird es wohl einige Zeit dauern, bis Sie sein Vertrauen zurückgewonnen haben. Bedenken Sie daher sehr genau, ob eine Aussprache echten Nutzen verspricht. Sie möchten das Richtige tun – aber richtig für wen? Der größte Beweis für Liebe und Fürsorglichkeit kann in solch einem Fall darin bestehen, dass Sie die Sache hinter sich lassen – ohne sie freilich zu verdrängen oder zu vergessen –, um das Band aus neuer Stärke und Treue wieder zu knüpfen.

So quälend Ihnen die gegenwärtige Lage auch erscheinen mag, im Grunde handelt es sich noch um eine der leichteren Übungen. Immerhin haben Sie diesen Fehler gemacht und die Folgen zu spüren bekommen, bevor Sie vor Gott und den Freunden und Angehörigen offiziell ein eheliches Treueversprechen abgaben.

> Guter Rat schlägt oft am besten an, wenn eine böse Verletzung vorausging.
> ENGLISCHES SPRICHWORT

Wir sind in dieser Schule des täglichen Lebens nicht, um von Anfang an perfekt zu sein, sondern um zu leben und zu lernen, zu stürzen und wieder aufzustehen: um uns zu entwickeln und alles in uns Angelegte ganz zu verwirklichen. Möge diese quälende Erfahrung der Segen sein, der Ihr Leben verwandelt.

Frage *Vor zwei Monaten hat meine Freundin mich verlassen. Ich muss ständig an sie denken – bei der Arbeit, beim Sport, sogar bei Verabredungen mit anderen Frauen. Ich fühle eine tiefe Verbundenheit mit ihr, etwas Unzertrennliches. Sie geht nun ihrer Wege, sagt aber selbst auch, dass ich ihr fehle und sie oft an mich denkt. Wie geht man mit solchem Liebeskummer um?*

Antwort Wie alle anderen Gefühle vergeht auch der Liebeskummer mit der Zeit. Bei einer körperlichen Verletzung spüren Sie anfangs den Schmerz, doch dann setzt die Heilung ein. Das läuft beim Verlust einer Beziehung nicht anders. Wenn Sie natürlich an einer Wunde herumfingern oder sie immer wieder aufreißen, wird sie viel langsamer heilen. Indem Sie den Kontakt aufrechterhalten und sich den widersprüchlichen Botschaften Ihrer Freundin aussetzen, sorgen Sie dafür, dass der Schmerz nicht nachlässt. Wenn Sie *beide* im Grunde noch zusammen sein möchten, dann sehen Sie zu, dass Sie es auf die Reihe bekommen; wenn nicht, dann ist weiterer Kontakt zu meiden. Dazu ein Zen-Spruch: »Wenn du sitzt, sitze, wenn du stehst, stehe – aber schwanke nicht hin und her.«

»Ich muss ständig an sie denken«, schreiben Sie. Aber so kann es kaum sein. Niemand vermag *ständig* an etwas oder jemanden zu denken. Doch immer dann, wenn quälende Gedanken oder Bilder aufsteigen, können Sie Ihre Aufmerksamkeit auf etwas anderes richten. Und achten Sie auf den Hang, den Dingen und Ereignissen eine Bedeutung unterzuschieben. Beispielsweise »Wäre ich nur ein besserer Mensch, dann wäre sie geblieben« – als ließe unser eigener Wert sich am Verhalten anderer ablesen. Nein, sie haben ihre ganz eigenen Gründe für das, was sie tun.

Das Leben ist eine Schule. Wir sind nicht hier, um immer alles zu bekommen, was wir uns wünschen, sondern um zu lernen. Und Beziehungsprobleme können uns manches über uns selbst offenbaren, wenn wir nur aufmerksam bleiben. Tun wir es nicht, werden die Lektionen härter, bis wir schließlich doch aufmerken. Als junger Turner habe ich mir beim Ausprobieren einer neuen Figur am Barren einmal einen Zeh gebrochen. Das tat gemein weh – aber nicht annähernd so sehr wie beim zweiten Versuch, als ich es in meiner Sturheit genau so noch einmal machen wollte und mir der gleiche Fehler unterlief.

Wiederholungslektionen können sehr weh tun, nehmen Sie sich also an Maurice ein Beispiel, einem Papagei, der

> Gott tröstet den Verstörten, und den allzu Getrosten stört er auf.
>
> ANONYM

nicht nur ein übles Schandmaul hatte, sondern auch ein Schnellmerker war. Charlie hatte ihn zum Geburtstag bekommen und spürte bald, dass Maurices Einstellung ihm nicht passte – und sein Wortschatz noch weniger. Charlie versuchte es mit sanfter Musik, er schrie seinen Papagei an, er bekniete ihn, doch Maurice fluchte einfach weiter. Es kam der Augenblick, da Charlie den Schreihals in seiner Verzweiflung in die Gefriertruhe stopfte – zu Gemüseschachteln, Fischstäbchen und Tiefkühlhühnchen. Da krächzte und kreischte Maurice ein Weilchen, dann war es plötzlich sehr, sehr still. Erschrocken und das Schlimmste fürchtend, öffnete Charlie schnellstens die Truhe, worauf Maurice ihr sehr gefasst entstieg, sich in die ausgebreiteten Arme seines Herrn begab und folgende Worte sprach: »Ich bedaure zutiefst, dass du an meinen Worten Anstoß nehmen musstest, und bitte von ganzem Herzen um Verzeihung. Künftig will ich mich ernsthaft um Besserung bemühen und werde von mustergültiger Sittsamkeit sein.« Ganz beiläufig fügte er noch an: »Darf ich übrigens erfahren, womit dieses Hühnchen dein Missfallen erregt hat?« Bei Maurice genügte die einfache Lektion: die Tiefkühltruhe als ein Erlebnis der besonderen Art, aber nicht als fester Wohnsitz.

> Das Leben ist das, was wir aus ihm machen. So war es immer, und so wird es immer sein.
>
> GRANDMA MOSES

Jeder Schicksalsschlag hat sein Gutes und enthält Lehren, die sich uns mit der Zeit erschließen. Für den Augenblick können Sie sich sagen, dass die Heilung schon eingesetzt hat, mag der Schmerz auch noch groß sein. Lernen Sie aus dieser Erfahrung, und sehen Sie zu, dass Sie mit Ihrem Leben weiterkommen.

Was bedeutet das für Sie persönlich?

Diese Beispiele zeigen, dass Beziehungen häufig so etwas wie »Gottes Dampfkochtopf« sind und wir durch sie relativ schnell zur Selbsterkenntnis gelangen können. Durch Beziehungsprobleme bekommen wir Anteile unserer selbst zu sehen, die nicht gar so engelhaft sind. Illusionen werden zerstört, und das gehört zum Prozess unserer Reifung. Kein Wachstum ohne Gesichtsverlust.

Doch sind Beziehungen nur eines der Fächer, die in der Schule des Lebens unterrichtet werden. Andere haben mit beruflichen Herausforderungen zu tun oder stehen in Zusammenhang mit gesundheitlichen und finanziellen Problemen. Das Leben ist eine Folge von Lektionen, die »einfach so auf uns abgefeuert« werden, wie José Ortega y Gasset schrieb. Und worum es da auch jeweils gehen mag, der relevante Hausordnungspunkt lautet hier: Wenn wir die leisen Belehrungen nicht hören, werden sie lauter. Doch keine Sorge: Wir alle lernen die Lektionen – früher oder später, so oder so.

Manche lernen durch einen Traum, eine plötzliche Einsicht, einen Ratschlag. Andere brauchen die Peitsche.

Notieren Sie zwei oder drei »leichte« Lektionen, die Sie gelernt haben. (Dass Sie gelernt haben, erkennen Sie an einer Verhaltensänderung auf dem betreffenden Gebiet.)

Notieren Sie zwei oder drei »schwierigere« Lektionen, die Sie erst lernten, nachdem Sie die leiseren Hinweise eine Zeitlang überhört hatten.

Die meisten Menschen können zwischen Recht und Unrecht unterscheiden. Weshalb handeln sie nicht danach?

Aus den Folgen unseres Handelns lernen
wir mehr als aus Moralvorstellungen

Moralvorstellungen sind persönlicher oder regionaler Natur. Die Folgen des Handelns sind überall gleich. Was in einer Kultur oder Religion oder einem Land verboten ist, kann anderswo als sittliches Verhalten akzeptiert sein. Was in einer Situation vielleicht falsch ist, kann in einer anderen richtig sein. Unveränderliche und nicht mehr hinterfragte Anschauungen von Richtig und Falsch ersparen uns das Denken. Doch so einfach ist das Leben nicht. Die Gefängnisse sind voller Leute, die zwar die Moralbegriffe kannten, aber die Folgen ihres Handelns nicht bedachten.

Frage *Ergeben sich karmische Folgen nur aus unserem Handeln oder auch aus Gedanken und Gefühlen?*

Antwort Der aus dem Osten stammende Karma-Begriff bezieht sich auf Folgen unseres Handelns in aufeinander folgenden Leben, wobei die Folgen nicht als Belohnung oder Strafe aufgefasst werden, sondern als das, was der Entwicklung der Seele dient. Und wenn wir nicht an Reinkarnation glauben, lässt sich immer noch beobachten, wie unser Handeln auch in diesem Leben seine Folgen hat. Diese Folgen können gleich im Anschluss an die Tat sichtbar werden, etwa wenn Joe seinen Chef beschimpft und dieser ihn dann hinauswirft oder wenn Sally sich für irgendetwas heldenhaft einsetzt und ihr entsprechender Lohn zuteil wird. Es kann aber auch Jahre dauern, bis die Folgen sich zeigen, oder sie zeigen sich ganz anders, als man erwarten würde. Längst nicht alle Menschen, die grausam oder unehrenhaft handeln, werden erwischt und bestraft; aber es kann sein, dass unterschwellige Schuldgefühle so etwas wie Selbstsabotage bewirken und schließlich krank machen oder andere Probleme heraufbeschwören. Doch wie die Folgen uns auch erreichen mögen, früher oder später werden wir ernten, was wir gesät haben. In diesem Sinne lehren die Folgen unseres Handelns uns mehr und durchgreifender als Moralvorstellungen, die je nach Land oder Kultur recht unterschiedlich sein können.

Kommen wir damit zu Ihrer Frage: Ergeben sich karmische Folgen nur aus unserem Handeln oder auch aus Gedanken und Gefühlen? Fragen wir zunächst, was in unserer Hand und damit in unserer Verantwortung liegt. Karmische Folgen können wir uns nur für Taten einhandeln, für die wir tatsächlich verantwortlich sind – und verantwortlich können wir nur für Dinge sein, die in unserer Hand liegen, die wir also willentlich oder absichtlich herbeiführen. So bin ich beispielsweise für das Wetter nicht verantwortlich, weil ich es nicht herbeiführen kann. Betrachten Sie einmal sich und Ihr Leben ganz genau, und Sie werden feststellen, dass man sein Verhalten (außer im Fall schwerer Behinderungen) in aller Regel selbst in der Hand hat. Es mag schwierig sein, das eigene Verhalten zu steuern, wenn man wütend ist, Angst hat, deprimiert oder süchtig ist, doch weder Gefühle noch Zwänge machen uns die Selbstbeherrschung unmöglich. In diesem Sinne sind wir verantwortlich für alles, was wir tun und sagen, und müssen mit den entsprechenden positiven oder negativen Folgen rechnen.

Sünde ist etwas Geographisches.
BERTRAND RUSSELL

Aber mit Gedanken und Gefühlen, wie bizarr oder negativ auch immer, können wir keine karmischen Konsequenzen auf uns ziehen. Wir sind auch in keiner Weise verantwortlich für die Gedanken und Gefühle, die in uns auftauchen und uns durch den Sinn gehen. Weshalb nicht? Nun, einfach ausgedrückt deshalb, weil wir unsere Gedanken und Gefühle nicht direkt unter Kontrolle haben. Wir können vorübergehend bestimmen, worauf wir unsere Aufmerksamkeit richten – und wir können uns ablenken oder das Gute an einer Sache zu sehen versuchen oder die komische Seite einer Situation betrachten. Manchmal können wir auch unsere Gefühle beeinflussen, indem wir unsere Haltung ändern, anders atmen, uns entspannen oder eine andere Umgebung suchen. Doch Beeinflussung ist noch nicht Beherrschung. Wir können aufsteigende Gedanken nicht vorausplanen, wir können uns nicht willentlich verlieben (oder das Gegenteil), wir können unsere Gefühle nicht einfach ändern. Wo keine direkte Steuerung möglich ist, sind wir nicht verantwortlich. Deshalb ergeben sich aus Gefühlen und Gedanken keine karmischen Folgen für uns – nur aus dem, was wir tun.

Alles beschwichtigende Gerede, all die Rezepte für positives Denken und die vielen Versuche, unsere Gefühle in Ordnung zu bringen oder unser Innenleben auf sonst irgendeine Art zu verschönern, können nicht darüber hinwegtäuschen, dass ein zielstrebiges Leben aus dem besteht, was wir *tun*, und dass die Folgen dieses Tuns unsere allerbesten Lehrer sind. Wer sich ein starkes Fundament für ein zielstrebiges Leben wünscht, der nehme seine Gedanken und Gefühle hin, wie sie sind, und achte vor allem auf konstruktives Handeln.

> Irgendwann einmal sitzt jeder vor einer reich mit Folgen gedeckten Tafel.
> ROBERT LOUIS STEVENSON

Frage *Vor ungefähr einem Jahr habe ich mich auf ein Abenteuer mit einer verheirateten Frau eingelassen. Ich kannte sie und ihren Mann schon viele Jahre. Sie war unglücklich in ihrer Ehe und verließ ihren Mann, um bei mir zu sein. Vor kurzem habe ich die Beziehung beendet und bin froh, dass es vorbei ist. Natürlich besteht zwischen dem Mann dieser Frau und mir keine Freundschaft mehr, und ich habe schreckliche Gewissensbisse. Soll ich ihn für mein selbstsüchtiges Verhalten um Verzeihung bitten?*

Antwort Ihr Wunsch, um Verzeihung zu bitten, zeugt von Einsicht und Besserung. Sie erkennen die Folgen Ihres Handelns: dass es für diese Frau, ihren Mann und Sie selbst einiges Leid mit sich brachte. Sie wissen vielleicht auch, dass viele Frauen nicht immer glücklich in ihrer Ehe sind, aber nicht alle deshalb Seitensprünge machen. Und dass viele Männer der Versuchung des Ehebruchs ausgesetzt sind, aber nicht alle ihr unterliegen wie Sie. Ich nehme an, dass Sie aus den Folgen Ihres Handelns gelernt haben. Aber wenn Sie glauben, das sei schon alles, was aus den schlimmen Nachwirkungen eines Ehebruchs zu lernen sei, haben Sie etwas ganz Wichtiges übersehen: dass jede Tat Folgen hat, einerlei, was wir an Beschwichtigungen versuchen mögen.

Hier eine eher komische Geschichte, die aber so gut wie jede andere die Unausweichlichkeit der Folgen unseres Handelns erkennbar macht: Niemand entzieht sich dem.

Das Lebensspiel ist ein Bumerangspiel. Unsere Worte und Taten kommen mit erstaunlicher Treffsicherheit zu uns zurück.
FLORENCE SCOVEL SHINN

Li Song arbeitete viele Jahre lang als Koch auf einer Ferienranch für Städter. Wenn er abends, nachdem die Gäste gegessen hatten, die Belegschaft versorgte, lächelte er viel, sprach aber wenig. Die Cowboys spielten ihm allerlei Streiche und steckten ihm beispielsweise Schildkrötenschlangen ins Bett oder Kröten in die Stiefel. Li Song erschrak jedes Mal, fasste sich jedoch schnell wieder. Eines Abends, als Li Song den Cowboys die Suppe vorgesetzt hatte und sie kräftig zulangten, fragte einer: »Li Song, wir nehmen dich dauernd auf den Arm, aber es scheint dir nicht viel auszumachen. Liegt das an deiner chinesischen Herkunft?«

»Nein«, antwortete Li Song mit einem Lächeln. »Es liegt daran, dass ich in die Suppe pinkle.«

Li Song erteilte eine Lehre, die sicherlich besser anschlug als Vorträge über Recht und Unrecht. Doch zurück zu Ihrem Fall: Sie wussten, dass es nicht recht war, sich am Ehebruch dieser Frau zu beteiligen, taten es aber trotzdem. Im Rausch der erotischen Leidenschaft findet man nur allzu leicht gute Gründe für sein Verhalten: Sorgten Sie nicht dafür, dass eine unglückliche Frau sich wieder geliebt fühlen konnte? Und was konnten Sie dafür, dass sie sich in Sie verliebte? Vielleicht haben Sie mit Ihrem Eindringen in die Beziehung sogar notwendige Veränderungen in Gang gebracht. Viele Männer sind schon auf solche einschmeichelnden und schmeichelhaften Gedanken hereingefallen.

Wenn du Giftsumach pflanzt, wirst du kaum Erdbeeren ernten.
WILLIAM STEPHENS

Jetzt bedauern Sie Ihr Handeln, aber haben Sie wirklich etwas gelernt? Wenn Sie sich wieder einmal in eine Frau verliebten, die in einer unglücklichen Ehe lebt, was würde geschehen? (Hinweis: Fehler sind ganz natürlich. Intelligenz bedeutet, dass man nicht zweimal den gleichen Fehler begeht.) Sie möchten Ihren früheren Freund um Verzeihung bitten, damit Sie aufatmen können. Aber ist das vielleicht genau das Bestreben, das die ganze Sache ins Rollen gebracht hat – dass Sie sich nur wieder von Ihren

Gefühlen leiten lassen und einfach das tun, wovon Sie sich eine Verbesserung *Ihrer* Situation erhoffen? Vielleicht denken Sie einmal darüber nach, ob dieser Schritt vor allem Ihnen oder vor allem Ihrem Freund dienen soll. Was wäre damit zu erreichen? Würde es ihm besser gehen, wenn er wüsste, dass es Ihnen leid tut, oder würden Sie nur alte Wunden aufreißen?

Anstatt also etwas von Ihrem früheren Freund zu *erbitten* – Vergebung –, sollten Sie selbst lieber etwas *geben*, nämlich eine ganz aufrichtige Entschuldigung, brieflich. Oder überlegen Sie sich, wie Sie ihm etwas Gutes tun können, etwa indem Sie ihm unauffällig und unerkannt einen Dienst erweisen. Doch ob Sie sich nun direkt an ihn wenden oder nicht, auf jeden Fall müssen Sie die Folgen Ihres Fehlers annehmen, aus ihnen lernen und dann zusehen, wie Sie mit Ihrem Leben weiterkommen – trauriger wohl, aber vielleicht auch klüger.

Was bedeutet das für Sie persönlich?

Die meisten Menschen können zwischen Gut und Böse unterscheiden, aber unsere Gefängnisse sind voll, denn das Wissen allein genügt nicht. Die Lektionen des Lebens lehren mehr als bloße Worte. Trifft das nicht auch auf Ihr Leben zu?

Notieren Sie drei oder mehr sittliche Gebote, die Sie zu Hause, in der Schule oder in einem kirchlichen Zusammenhang gelernt haben. Halten Sie sich an diese Gebote? Leben Sie sie?

Notieren Sie ein paar Lehren, die Sie aus der eigenen Erfahrung gezogen haben, weil Ihnen die Folgen Ihres Handelns bewusst geworden sind.

Welche Lehren sind lebendiger oder wirkungsvoller und nachhaltiger?

*Ich habe ein
paar großartige
Einfälle gehabt.
Wieso ist mir
nicht mehr Erfolg
beschieden?*

Nur durch Taten werden
Ideen zum Leben erweckt

Gedanken sind nur die Saat des Möglichen.
Wenn wir etwas ernten wollen, müssen diese Samen
im fruchtbaren Boden des Handelns keimen.
Tun heißt Verstehen, Wissen erwächst aus Praxis.
Wer ankommen möchte, muss erst einmal losziehen.
Wer kein Schiff ausgesandt hat, darf nicht erwarten,
dass eines zurückkehrt. Handeln soll nicht ohne
Denken geschehen, Denken nicht ohne Taten bleiben.
Das schlichte Geheimnis des Erfolgs: beherztes
Handeln zur rechten Zeit.

Frage *Ich bin geschieden und wieder verheiratet und Vater von sechs Kindern. In jüngster Zeit zeigt mein ältester Sohn, der in Utah bei seiner Mutter lebt, einen Hang zu Wut und Gewalttätigkeit. Wie kann ich einem Zehnjährigen, dem schon tätliche Übergriffe und Morddrohungen gegen Kinder und Erwachsene zur Last gelegt wurden, etwas über den Umgang mit Gefühlen vermitteln?*

Antwort Bei allem, was Sie für Ihren Sohn unternehmen könnten, werden Sie sich zunächst selbst Rechenschaft über all das ablegen müssen, was Ihnen wirklich wertvoll und wichtig ist. Sie könnten Ihren Sohn an ein bis zwei Wochenenden im Monat besuchen oder mit Ihrer neuen Familie nach Utah umziehen, um in seiner Nähe zu sein, oder ihm anbieten, dass er bei Ihnen wohnen kann (zunächst für eine festgesetzte Zeit, an deren Ende man neu entscheidet). Doch zuvor: Wären Sie bereit, alle anderen Verpflichtungen einmal aufzuschieben, um mit Ihrem Sohn eine gemeinsame Woche irgendwo in der Natur zu verbringen, mit dem Zelt zum Beispiel? Wofür Sie sich letztlich auch entscheiden mögen, wichtiger und wirksamer als alle Worte wird sein, was für Opfer Sie jetzt für Ihren Sohn zu bringen bereit sind.

Ihr Sohn braucht jetzt sofort Hilfe und Rat. Und er braucht Sie. Vermutlich deutet er Ihren Umzug zu einer neuen Familie als Zurückweisung und fühlt sich im Stich gelassen. Und er hat wahrscheinlich nicht nur Wut, sondern auch Angst; er ist traurig und fühlt sich wertlos und hilflos. Die Grundlage seines Lebens hat sich aufgelöst, und er war nicht in der Lage, das zu verhindern, er konnte weder die Ehe retten noch Ihr Weggehen verhindern. So ist er jetzt steuerlos geworden und schlägt um sich, um nicht die ganze Machtlosigkeit und Hilflosigkeit fühlen zu müssen: um sich zu beweisen, dass ihm doch noch ein wenig Gewalt über sein Leben geblieben ist. Natürlich

> Verwechsle Denken niemals mit Tun und Wissen nicht mit Weisheit. Mit dem einen verdienst du deinen Lebensunterhalt, das andere macht dein Leben aus.
> SANDRA CAREY

Die kleinste gute Tat ist besser als die allerbeste Absicht.
DUGUET

Im alten Athen: Ein Redner hält mit großer Gebärde eine glanzvolle Ansprache. Anschließend erhebt sich sein Gegenredner und spricht nur acht Worte: »Alles, was er gesagt hat, werde ich tun.«
ANONYM

Taten machen Worte überflüssig.
SIERRA MILLMAN

braucht er dafür andere Ausdrucksmöglichkeiten als Gewalt gegen andere.

Ihre Scheidung von seiner Mutter und wohl noch mehr Ihre Trennung von ihm sind gewiss von Bedeutung für sein schwieriges Verhalten, doch damit sind Sie natürlich nicht allein verantwortlich – niemand kann für das Verhalten eines anderen verantwortlich sein. Viele Kinder haben unter den Folgen einer Scheidung zu leiden, aber nicht alle werden dadurch gewalttätig. Ihr Sohn muss weniger mit seinen Gefühlen umzugehen lernen als vielmehr sein Verhalten in den Griff bekommen. Ein Therapeut oder Sie als sein Vater können ihm zu der Einsicht verhelfen, dass seine Gefühle natürlich und verständlich sind; so wird er sie als Gewitterwolken verstehen können, die bald wieder abziehen. Geben Sie ihm zugleich Anstöße, wie er sein Verhalten unter Kontrolle bringen und sich zu einem friedvollen Krieger entwickeln kann. In meinem Kinderbuch *Das Geheimnis des friedvollen Kriegers* wird dieses Thema direkt angesprochen. Ihr Sohn kann auf diesem Wege lernen, durch Selbstbeherrschung echte Gewalt über sein Leben zu bekommen.

Doch bevor Sie Ihrem Sohn Grenzen aufzuzeigen oder Anleitung zu geben versuchen, müssen Sie Verbundenheit und Nähe wiederherstellen. Sie haben nicht viel Zeit, denn in wenigen Jahren werden die Ansichten seiner Altersgenossen wichtiger für ihn sein als Ihre. Deshalb empfehle ich Ihnen einen kleinen Zelturlaub, und zwar bald. Machen Sie ihm erkennbar, dass er für Sie jetzt wichtiger und wertvoller ist als alles andere. Sie werden einige Zeit brauchen, um seinen Glauben, dass er Ihnen gleichgültig ist, aufzuweichen. Dann erst kann ein neues Band der Liebe und des Vertrauens geknüpft werden. Nur ein Opfer Ihrerseits wird ihn wirklich erreichen. Sein Verhalten zeigt, wie sehr er sich danach sehnt. Sie können Ihren Sohn jetzt noch auffangen. Handeln Sie, und die Heilung wird einsetzen.

Frage *Der Titel Ihres Buchs* The Life You Were Born to Live *(Die Lebenszahl als Lebensweg) scheint zu besagen, dass Sie an die Vorherbestimmung des Lebens glauben. Aber wenn unser Leben festgelegt ist, wie steht es dann mit dem freien Willen? Sind unsere Entscheidungen und Taten überhaupt von Belang? Soll ich mich dem Schicksal ergeben oder meinen Kurs selbst bestimmen?*

Antwort Die Vorherbestimmung unseres Lebens springt ins Auge: Uns ist bestimmt, als Mann oder als Frau zu leben, groß oder klein zu sein – als Menschen zu leben mit allem, was dazugehört. Daneben besteht jedoch einiger Spielraum für freie Willensentscheidungen. Was uns widerfährt, können wir nicht bestimmen, aber unsere Reaktionen stehen uns frei. In unserem Leben mischen sich demnach Bestimmung und freier Wille. Wir haben einen Berg zu besteigen, doch jeder entscheidet selbst, wie sehr er sich ins Zeug legt, wie viel Zeit er sich dafür nimmt, welchen Weg zum Gipfel er einschlägt. Das Spielfeld wird gestellt, aber es liegt an uns, was wir darauf spielen – und wie gut.

Nur durch unser Handeln gestalten wir unser Leben, wie auch diese Anekdote zeigt: Vor vielen Jahren interviewte ein Reporter ein paar Jugendfreunde Mark Twains in dessen Heimat. Einer dieser alten Männer sagte: »Ha, diese Geschichten habe ich auch alle gekannt. Mir kam bloß nie der Gedanke, sie aufzuschreiben.«

Beten Sie also, als hinge alles von Gott ab, aber handeln Sie, als käme es in allem auf Sie an. An Ihrem Handeln entscheidet sich alles. Mahatma Gandhi wusste das sehr gut. Eine Mutter kam mit ihrem Sohn zu ihm und wünschte sich, dass der weise Mann dem Kind die Naschsucht ausrede. Nach dem Gespräch sagte Gandhi, sie sollten in zwei Wochen wiederkommen. Bei diesem zweiten Besuch redete Gandhi dem Jungen sofort zu, er solle

---

Fang einfach an, all das zu tun, was deiner Meinung nach getan werden müsste. Sei so, wie die Gesellschaft aus deiner Sicht sein sollte. Glaubst du an Redefreiheit? Dann rede frei. Liebst du die Wahrheit? Dann sag sie. Glaubst du an die offene Gesellschaft? Dann handle offen und sichtbar. Sollen Anstand und Menschlichkeit walten? Dann handle anständig und menschlich.
ADAM MICHNIK

Helden und Feiglinge erleben die gleiche Furcht. Helden handeln anders, das ist alles.
CUS D'AMATO

unbedingt auf all das Zuckerzeug verzichten. Die Mutter bedankte sich bei ihm, wollte aber gern wissen, weshalb er diese zwei Wochen hatte verstreichen lassen. »Vor zwei Wochen«, entgegnete Gandhi, »habe ich selbst noch Süßigkeiten gegessen.«

Was bedeutet das für Sie persönlich?

Die größte Herausforderung im Leben, in der spirituellen Praxis und auf jedem anderen Betätigungsfeld liegt in der Umsetzung unseres Wissens in tatsächliches Handeln. Es kann Jahre dauern, bis wir einigermaßen durchgängig nach dem leben können, was wir gelernt haben. Das ist wie im Sport. Man weiß ungefähr, wie man nach dem Ball schlagen muss oder einen Korb wirft oder einen Salto macht, aber dann dauert es noch lange, bis man es wirklich beherrscht. So üben wir auch im täglichen Leben, machen Fehler, sehen, was dabei herauskommt, und üben weiter – bis die Fehler immer seltener und kleiner werden. Auf diesem Wege reichern wir unser Leben handelnd mit Wissen an, ob es nun tief zu atmen oder freundlich und mitfühlend zu handeln gilt.

Deshalb heißt es auch, dass Wissen aus Übung erwächst, dass Tun so viel wie Verstehen bedeutet.

Notieren Sie drei Fertigkeiten (im Bereich Gesundheit und Fitness, Beziehungen, Schule, berufliche Laufbahn), die Sie jetzt einzuüben anfangen können, so dass sich Fehler mit der Zeit in Wissen verwandeln und Kenntnisse in Handlungen.

Wie könnte solches Handeln Ihr Leben verändern?

*Wann werden
die Dinge endlich
so laufen, wie
ich es gern hätte?*

*Unsere Bemühungen haben wir selbst
in der Hand, die Ergebnisse nicht*

Gelassenheit, Geduld und Weisheit erwachsen aus der Einsicht, dass wir auf Menschen, Ereignisse und Resultate nicht direkt Einfluss nehmen können. Wir wissen nie mit Sicherheit, ob wir putten, ein Spiel gewinnen, Liebe finden, geschäftlichen Erfolg haben oder den Weltfrieden verwirklichen werden. Aber durch unsere Anstrengungen verbessern wir unsere Chancen, das Angestrebte zu erreichen, ganz erheblich. Was wir auch denken oder fühlen, was für Zweifel oder Befürchtungen wir haben mögen, wie unsere Vergangenheit und die Eltern auch gewesen sind – mit unserem eigenen Bemühen gestalten wir unser Leben. Wenn wir unser Bestes geben, leisten wir gute Arbeit. Geben Sie sich also Mühe, und nehmen Sie das an, was dabei herauskommt. Was Sie nicht selbst in der Hand haben, können Sie nur so sein lassen, wie es ist.

Frage *Ich habe gelesen, dass Erleuchtete an nichts haften, sondern alles so nehmen, wie es kommt und geht. Ist es ihnen denn gleichgültig, was passiert? Wer möchte so leben?*

Antwort Erleuchteten sagt man nach, sie seien weise, gelassen, mitfühlend, mutig und liebevoll, frei von aller Bedingtheit. Sie haben den illusorischen Charakter des Denkens und Deutens erkannt und klammern sich an nichts mehr. Vielen gilt diese göttliche Abgeklärtheit als das höchste Ziel der spirituellen Evolution, doch auf uns Übrige trifft zu, dass wir je nach den Umständen mal mehr und mal weniger an den Dingen haften. Der Osten und der Westen repräsentieren die beiden Endpunkte solcher Pendelschläge.

Das Haften und Festhalten ist eine typisch westliche Verhaltensweise: ein Streben nach Erfüllung durch materiellen Erfolg, Leistung und Sieg. Der Osten dagegen legt Wert auf Unabhängigkeit von Dingen und Umständen, auf den inneren Weg zu Frieden und Freiheit durch Abkehr von materiellen Zielen. Doch westliche Suchende wenden sich heute ostwärts, und im Osten blickt man auf den Westen, und so ist der klügste Weg der, welcher das Beste beider Welten verbindet – und dies in dem Wissen, dass wir nur unsere Bemühungen selbst in der Hand haben, die Ergebnisse jedoch nicht. Wir mögen äußeren Erfolg oder innere Erleuchtung suchen, auf beiden Wegen erreichen wir das Bestmögliche nur dann, wenn wir nicht so sehr an Ergebnissen haften. »Vertraue auf Gott, aber binde dein Kamel an«, sagt das arabische Sprichwort: Lebe ein zielstrebiges Leben, aber unterwirf dich doch dem Willen Gottes.

> Welcher Mensch könnte ohne Risiko und Wagemut leben?
> CHARLES A. LINDBERGH

Was haben wir selbst in der Hand und was nicht? Hier eine Geschichte dazu: Pauls Wagen streikte direkt vor einem alten Kloster. Er pochte an die Pforte, und man öffnete ihm. Die Mönche nahmen ihn für die Nacht auf, reparierten seinen Wagen und wünschten ihm am nächsten

> Das Bemühen ist der Erfolg.
> SHOMA MORITA

Morgen gute Fahrt. Paul hatte in der Nacht einen höchst wundersamen Laut gehört, und bevor er einstieg, fragte er noch, was das gewesen sei. Die Mönche erwiderten: »Das können wir Ihnen nicht sagen, weil Sie kein Mönch sind.« Paul setzte sein Leben fort wie bisher, doch diesen Laut vergaß er nicht. Etliche Jahre später hatte er einmal eine Reifenpanne, und wieder vor diesem alten Kloster. Die Mönche hießen ihn abermals willkommen, bewirteten ihn und flickten den Reifen. In der Nacht hörte Paul wieder diesen seltsam ergreifenden Laut und bekam am Morgen, als er sich danach erkundigte, die gleiche Antwort: »Das können wir Ihnen nicht sagen. Sie sind kein Mönch.« Jetzt wusste Paul, weshalb das Schicksal ihn hierher geführt hatte. Er musste herausfinden, was es mit diesem Laut auf sich hatte. »Na gut«, sagte er, »dann werde ich eben Mönch. Was muss ich tun?« Sie sagten ihm, er müsse durch die ganze Welt ziehen und alle Kruzifixe in sämtlichen Kirchen zählen. So begann seine lange Wanderschaft. Unter manchmal großen Entbehrungen, quer durch Kriegsgebiete, durchwanderte er achtunddreißig Jahre lang die Welt und ließ auch die entlegensten Bergdörfer nicht aus. Schließlich kehrte er zum Kloster zurück und berichtete: »Ich bin überall auf der Welt gewesen und habe in den Kirchen 362578 Kruzifixe gefunden.«

Die Mönche verneigten sich und beglückwünschten ihn. Sie sagten: »Jetzt bist du ein Mönch. Wir werden dir zeigen, wie du zum Ursprung dieses Lautes kommst.« Sie führten ihn zu einer hölzernen Tür und gaben ihm einen Schlüssel. »Suche, und du wirst finden.« Hinter dieser Tür gelangte er in eine finstere Höhle mit etlichen anderen Türen, deren Schlüssel irgendwo in der Dunkelheit verborgen lagen. Nach Tagen fand er endlich den letzten Schlüssel und öffnete die Tür und stand staunend vor der Quelle des wundersamen Lautes. Die Mühen des weiten Weges hatten sich gelohnt.

Wenn uns etwas misslingt, mögen wir enttäuscht sein, aber wenn wir es gar nicht erst versuchen, sind wir schon gescheitert.
BEVERLY SILLS

Ihnen jedoch kann ich nicht mehr darüber sagen, denn Sie sind kein Mönch. Und dies, meine Freunde, ist eine Lektion in Nicht-Haften.

Durch das Haften wissen wir, dass wir lebendig sind, und die Lektion des Nicht-Haftens sagt uns, dass wir eines Tages alles zurücklassen müssen. Beides gehört zu unserer Erziehung. Ram Dass brachte dies sehr schön auf den Punkt, als er einem Fragesteller antwortete: »Jetzt im Moment liebe ich Sie genauso wie jeden anderen Menschen, den ich je geliebt habe – aber die Frage, ob ich Sie je wieder sehen werde, bewegt mich überhaupt nicht.« So können auch wir das Leben sehr ernst und wichtig nehmen und zugleich doch uns selbst und die Welt als ein Abenteuer sehen, das irgendwann vorbei sein wird – ein Geschenk, an dem wir uns für ein paar Augenblicke der Ewigkeit erfreuen.

Wir mögen unsere Wünsche und Vorlieben haben, das Universum tut doch, was es will. Genießen Sie also das Leben, ohne sich an etwas zu klammern: Halten Sie alles, was Sie haben, nur ganz sanft, wie man ein Vögelchen halten würde, das jeden Augenblick auffliegen kann. Diese Fähigkeit, der konkreten gegenständlichen Wirklichkeit zugewandt und zugleich zum Loslassen bereit zu sein, ist ein Schlüssel zu einem ausgeglichenen und zielstrebigen Leben.

Frage   *Meine Tochter ist eine sehr begabte Schwimmerin, und ich würde sie zu gern einmal bei den Olympischen Spielen sehen. Ihre Mutter und ich trennen uns allerdings gerade, und jetzt denkt meine Tochter daran, alles an den Nagel zu hängen. Könnten Sie wohl mit ihr sprechen (ohne mich zu erwähnen)? Ein paar aufmunternde Worte würden mich zu einem glücklicheren Vater und meine Tochter zu einer glücklicheren jungen Frau machen.*

Ich bin nicht auf Sieg aus, sondern auf Wahrhaftigkeit. Mir geht es nicht um Erfolg, sondern ich möchte dem gerecht werden, was mir an Einsicht gegeben ist.

ABRAHAM LINCOLN

Antwort Wenn ich recht verstehe, hat Ihre Tochter erfahren, dass Vater und Mutter sich trennen. Ihr Ideal von Familienleben ist zerbrochen, und über ihr Leben hat sich eine dunkle Wolke gesenkt. Diese Wolke wird wieder abziehen, aber derzeit erlebt sie wohl Traurigkeit, Groll, Verwirrung und Enttäuschung. Sie fragt sich, worum es ihr geht, was ihre Antriebe sind, was mit ihrem Leben ist. Sie wiederum bedauern die Auswirkungen Ihres Handelns auf Ihre Tochter.

Sie denken an die sportliche Karriere Ihrer Tochter und würden das Zerbrochene gern wieder zusammenfügen. Und Sie wünschen sich dazu meine Mithilfe. Ich möchte Ihnen dazu nur eine Frage stellen: Geht es dabei mehr um Ihre Tochter oder eher um Sie selbst?

Es ist ganz natürlich, dass Sie Träume und Hoffnungen für Ihre Tochter hegen; auch Ihr Wunsch, sie möge ihre sportliche Karriere fortsetzen, erscheint mir verständlich. Sie mögen hier die besten Absichten hegen, trotzdem haben Sie die Zukunft Ihrer Tochter so wenig in der Hand, wie Ihre Tochter erreichen kann, dass Vater und Mutter ein glückliches Paar bleiben. Was würden Sie sagen, wenn Ihre Tochter mir geschrieben und mich um Hilfe gebeten hätte, damit Sie und Ihre Frau zusammenbleiben – weil es »sie selbst und ihre Eltern glücklicher machen« würde?

Ich weiß aus eigener Erfahrung um die Schwierigkeiten im Zusammenhang mit einer Trennung, und ich fühle wirklich mit Ihnen. Ich weiß auch Ihr Verantwortungsgefühl für Ihre Tochter zu schätzen. Sie sind vermutlich genauso erschüttert von der Entscheidung Ihrer Tochter wie sie von Ihrer. Es bleibt aber dabei, dass Sie nur Ihre Bemühungen selbst in der Hand haben, nicht aber die Ergebnisse. Das ist einfach ein Punkt der Hausordnung. Außerdem, kann man wirklich wissen, was für einen anderen das Beste ist? Ich war in meiner Jugend auch ein viel versprechender Sportler mit guten Aussichten auf einen Platz in der Olympiamannschaft. Aus persönlichen Gründen zog ich mich vor den Qualifikationskämpfen aus dem aktiven Sport zurück. Ich schlug einen anderen Weg ein, und der führte in ein ganz anderes und wunderbares Abenteuer.

Wie sich die Dinge jetzt auch wenden mögen, Ihre Tochter wird immer noch Ihre Tochter sein – aber für Sie geht die Zeit der aktiven, richtungweisenden Vaterschaft zu Ende. Sie können jetzt nichts weiter tun, als für Ihre Tochter da zu sein, wenn und falls sie Sie braucht. Wenn Ihre Tochter sich aus dem Wettkampfsport zurückzieht, tut sie aus meiner Sicht das Bestmögliche, um sich zu fangen und ihr Leben wieder in den Griff zu bekommen; außerdem sagt sie damit ja praktisch, dass »business as usual« für sie nicht in Frage kommt. Aber wenn Sie die Sache jetzt einmal in Ruhe lassen und auch alles gute Zureden streichen, könnte es sein, dass Ihre Tochter doch ihre sportlichen Ambitionen wieder aufgreift – aber um ihre eigenen Träume zu verwirklichen und nicht Ihre. Vielleicht schlägt sie auch eine ganz andere Richtung ein. Jedenfalls haben Sie dabei nichts auszurichten, welchen Ansatz Sie auch wählen mögen. Versuchen Sie zu erkennen, dass hier möglicherweise eine höhere Weisheit waltet.

> Du landest null Prozent der Würfe, die du gar nicht erst machst.
> MICHAEL JORDAN

Stärke kann einmal Durchhalten und ein andermal Loslassen bedeuten. Vaterstolz und Vaterliebe haben Sie schon, jetzt müssen Sie väterliche Weisheit walten lassen. Geben Sie Ihrer Tochter zu verstehen, dass Sie an ihre Kraft zur richtigen Entscheidung glauben. Auch so können Sie ihr Liebe und Rückhalt geben. Und im Augenblick geht es vielleicht *nur* so. Wir streben und planen, während das Leben nach seinem eigenen Willen abläuft – was sich daraus ergibt, liegt nicht in unserer Hand.

> Kümmere dich nicht um deine Vorlieben und Abneigungen – sie sind belanglos. Tu nur einfach, was zu tun ist. Das ist vielleicht nicht Glück, aber es ist Größe.
> GEORGE BERNARD SHAW

Was bedeutet das für Sie persönlich?

Über Haften und Nicht-Haften zu reden ist eine Sache; das Loslassen zu üben ist eine ganz andere. Probieren Sie einmal die folgenden Übung aus:

Das nächste Mal, wenn Sie einen spannenden Roman lesen oder im Fernsehen einen fesselnden Film sehen, legen Sie kurz vor der Auflösung das Buch weg oder stellen den Fernseher ab.

Beobachten Sie, wie sich das anfühlt – und wie schnell das Gefühl wieder vergeht.

Auf diese Weise gewinnen Sie ein Bewusstsein für Ihre Fähigkeit festzuhalten (durchzuhalten) und loszulassen: Ihr Bestes zu geben, was auch dabei herauskommen mag.

Was fällt Ihnen bei der »Schwierigkeit des Loslassens« auf, wenn Sie die Übung im grauen Kasten ausprobieren?

In welchen Bereichen neigen Sie zum Haften und Festhalten (und sind entsprechend besorgt und ernst)?

Auf welchen Gebieten sind Sie gelassener (und können lachend loslassen)?

Warum verursache ich manchmal Probleme, obwohl ich nach bestem Wissen und Gewissen handle?

Timing ist alles

Richtiges Handeln zum falschen Zeitpunkt führt zu nichts Gutem. Manchmal ist Stillhalten das wirksamste Handeln. Im Handeln kann Mut liegen, im Abwarten Weisheit. Warten wir jedoch ab, bis eine Erlaubnis erteilt wird, bis wir mehr Antrieb haben, bis es leichter wird, bis die Angst nachlässt oder die Hölle nicht mehr so heiß ist, dann verpassen wir womöglich unsere Chance zum Handeln. Wer abwartet, bis die perfekte Gelegenheit sich ergibt, wird am Ende vielleicht feststellen, dass er gar nicht gelebt hat.

Frage *Ich arbeite jeden Tag hingebungsvoll an meiner körperlichen, geistigen und spirituellen Entwicklung. Ich meditiere, übe mich in den Kampfkünsten und lese (sofern ich nicht arbeite oder Vater bin). Ich lasse mein Training nur sehr ungern mal ausfallen. Ich fühle mich dabei bestens und genieße mein Leben, aber meine Frau findet, ich übertreibe. Was sagen Sie dazu?*

Antwort Vielleicht kennen Sie diesen Spruch: »Wir haben im Leben nur zwei Dinge zu tun: Wir müssen sterben, und wir müssen bis dahin leben. Den Rest erfinden wir dazu.« Wir sind im Schnitt sechzehn bis achtzehn Stunden jeden Tag im Wachzustand, und von unseren Verpflichtungen, Vorlieben und Interessen hängt es ab, wie wir diese Stunden verbringen. Ein Junggeselle oder Einsiedler, der nur für sich selbst sorgen muss, hat andere Möglichkeiten als ein Ehemann und Vater. Wir Eltern müssen uns überlegen, was Vorrang hat und was zurückgestellt werden muss. Unsere Zeit ist zwischen Familie, Beruf und anderen Dingen aufgeteilt. Das wird einem um so schwerer fallen, je mehr Interessen man hat und je wichtiger sie einem sind. Ich spreche da aus Erfahrung. Früher habe ich an jedem Seminar teilgenommen und jedes Buch gelesen, das mir in die Hände fiel. Ich dachte: Wenn ich noch mehr meditiere und trainiere und noch mehr Yogastellungen übe, werde ich zu einem Durchbruch kommen.

Ich kam zu einer Scheidung.

Ich musste lernen, dass man alles nur Erdenkliche tun kann, aber nicht alles zugleich. Wenn Sie also darüber nachdenken, *was* Ihnen besonders wichtig ist, dann bedenken Sie zugleich Ihre Zeiteinteilung. Timing ist alles. Im Hinduismus sagt man, das erste Lebensdrittel diene der Erziehung und Ausbildung, das zweite sei Ehe, Familie und Beruf gewidmet, und im letzten Drittel gehe es um innere Entwicklung und spirituelles Ausloten. Dieser Ablauf

Was man zu lange bedenkt, kann dadurch ruiniert werden.
EVA YOUNG

mag nicht für jedes Leben geeignet sein, aber es kann sicher nicht schaden, einmal darüber nachzudenken. Betrachten Sie die Sache so: Wenn Ihre Kinder groß sind, werden Sie in einen neuen Lebensabschnitt eintreten und nicht nur mehr Zeit haben, sondern Ihre Aufmerksamkeit auch anderen Dingen zuwenden können.

Für den Augenblick schlage ich Ihnen vor, eine Liste Ihrer verschiedenen Rollen, Pflichten und Aktivitäten anzulegen. Geben Sie Ihrer Frau eine Kopie, damit sie dort ihre eigenen Gewichtungswünsche eintragen kann. Sagen Sie ihr, dass Sie vielleicht nicht ihrer Meinung sein werden, aber Wert auf die Formulierung ihrer Vorstellungen legen. Sehen Sie Ihre Frau als Ihren Schutzengel an, und nehmen Sie ihren Rat ernst. Und bedenken Sie, dass wenig Sinnvolles mehr ist als eine Unmenge Nichtigkeiten. Anstatt Stunde um Stunde im Fitnesscenter zu verbringen, könnten Sie eine kurze, effektive und völlig ausreichende Übungsabfolge entwickeln.

Wer zu lange zögert, bevor er einen Schritt macht, verbringt vielleicht sein ganzes Leben auf einem Bein.
ANTHONY DE MELLO

Es ist nicht ganz einfach, von Selbstentwicklung auf Dienen umzuschalten und die Bedürfnisse Ihrer Lieben so wichtig zu nehmen wie Ihre eigenen. Aber Sie haben da viel zu gewinnen. Als ich drei Jahre alt war, drückte meine Schwester mir einmal eine Tüte in die Hand, aus der oben etwas Rosafarbenes und Wolliges herausschaute, und sagte: »Das ist Zuckerwatte.« Ich zog das rosa Zeug heraus und warf es weg und gedachte darunter auf die eigentliche Attraktion zu stoßen. Ich hatte die Leckerei an der falschen Stelle gesucht. Dieser Fehler wiederholte sich in meiner ersten Ehe. Heute, nachdem ich so viele Pfade gegangen bin, wird mir klar, dass meine Frau, meine Kinder und mein Wirken in dieser Welt weitaus segensreicher für mich gewesen sind als all die Meditation, die Kampfkünste, die inneren Yoga-Übungen. Nehmen Sie sich also lieber jetzt die Zeit, und erinnern Sie sich: »Ein jegliches hat seine Zeit, und alles Vornehmen unter dem Himmel hat seine Stunde.« Üben Sie die Kunst des guten Timings. Freunden Sie sich mit der Tatsache an, dass das Leben seine Zyklen und Stadien hat. Und im gegenwärtigen Stadium: Freuen Sie sich an Ihrer Frau und Ihren Kindern. Jetzt haben Sie sie, jetzt ist die Zeit, sie wichtiger als alles andere zu nehmen.

Frage *Ein Freund hat mich, meinen Mann und vier Freunde zu einem Ihrer Seminare eingeladen. Vielleicht erinnern Sie sich: Wir waren es, die nach zwanzig Minuten aufstanden und den Raum verließen, als Sie sagten, dass »Sünde etwas Geographisches« sei. Als Christen sehen wir das entschieden anders. Wie kann es sein, dass Sie so etwas glauben?*

> Nimm den Hörer ab, wenn der Weckdienst anruft. Und wenn die Chance bei dir anklopft, geh zur Tür.
> ANONYM

Antwort Als ich diese Worte Bertrand Russells zitierte, entstand bei Ihnen vielleicht der Eindruck, ich redete einer relativistischen und jeweiligen Ethik das Wort, die mit Ihrem Glauben an die absoluten Gebote der Bibel nicht zu vereinbaren ist. Eigentlich wollte Russell aber sagen, dass sittliche Normen – im Unterschied zu überall in gleicher Weise gültigen Naturgesetzen wie etwa dem Gesetz der Schwerkraft – sich von Kultur zu Kultur unterscheiden können, und dies so sehr, dass ein und dieselbe Handlung hier als Sünde gelten und anderswo völlig in Ordnung sein kann.

Indem Sie das Seminar verließen, weil Sie diese Anschauung als unangebracht oder anstößig empfanden, haben Sie eine Gewissensaussage gemacht. Es kann aber auch von höherem Nutzen sein, wenn man mit anderen, deren Anschauungen man nicht teilt, in einen gesunden, offenen Dialog eintritt – das hätte ich sehr begrüßt. Wenn wir alle einer Meinung wären, würde ja einer von uns genügen. So haben Sie wohl das für Sie Richtige getan, aber möglicherweise zur falschen Zeit. Der griechische Philosoph Hesiod (um 700 v. Chr.) schrieb: »Wahre das gehörige

> Nichts [ist] schrecklicher ..., als die Unwissenheit handeln zu sehen.
> JOHANN WOLFGANG VON GOETHE

Maß. Die Wahl des rechten Zeitpunkts ist das Wichtigste in allen Dingen.«

> Die Umstände und die richtige Zeitwahl sind es, die einer Tat ihren Charakter verleihen und sie zu einer guten oder schlechten Tat machen.
> AGESILAUS

Ich habe einmal eine Geschichte über einen hohen französischen Offizier namens Lyautey gehört, der seinem Gärtner eines Nachmittags den Auftrag erteilte, am nächsten Morgen eine Reihe seltener Bäume im Garten zu pflanzen. Der Gärtner sagte, das werde er gern tun, gab jedoch zu bedenken, dass Bäume dieser Art erst nach hundert Jahren ihre volle Höhe erreichten. »Wenn das so ist«, erwiderte Lyautey, »müssen Sie die Bäume noch heute pflanzen.« Manchmal ist es gut, sofort zu handeln; ein andermal kann es klüger sein, sich in Geduld zu üben. Ich kann nicht mit Gewissheit sagen, ob Sünde etwas Geographisches oder Situatives ist, aber ich bin ziemlich sicher, dass richtiges Timing entscheidend wichtig ist.

> Nichts zu unternehmen ist manchmal eine gute Arznei.
> HIPPOKRATES

Hätten Sie mir damals ein wenig mehr Zeit gegeben, wäre Ihnen vielleicht aufgefallen, dass viele der von mir dargelegten Prinzipien Ihren Überzeugungen entsprechen. Sie hätten mich auch sagen hören: »Zehn Prozent dessen, was ich sage, ist vielleicht gegenwärtig falsch für Sie. Hören Sie also mit gesunder Skepsis zu, und nehmen Sie nur mit, was Sie brauchen können.«

> Manchmal werden die Abwartenden gerettet.
> JAMES THURBER

Indem Sie das Seminar vorzeitig verließen, haben Sie sich um Aussagen gebracht, an denen Sie vielleicht Gefallen gefunden und die Sie als nützlich angesehen hätten – und ich bekam keine Gelegenheit, Ihre Sicht der Dinge zu erfahren. Hätten Sie das Gespräch mit mir gesucht, wir hätten vielleicht beide etwas davon gehabt. Ich hoffe, dass wir uns einmal wieder sehen und unser Timing dann besser passt.

Was bedeutet das für Sie persönlich?

Die meisten von uns werden diesem Punkt der Hausordnung zustimmen, aber halten wir uns daran? Wenn wir etwas wollen, wollen wir es *jetzt*. Je schneller unser Computer arbeitet, desto langsamer kommt er uns vor. Wir hätten gern schnellere Downloads, Sofortservice, augenblicklich funktionierende Lösungen. Wer hat nicht schon mal einen Brief geschrieben oder eine E-Mail abgeschickt und dann später gemerkt, dass es klüger gewesen wäre, noch ein wenig zu warten?

Wenn wir das Prinzip des richtigen Timings umsetzen und zielstrebig leben möchten, kommt es darauf an, dass wir uns nicht nur fragen, *was* zu tun ist, sondern *wann* der beste Zeitpunkt dafür ist.

> Notieren Sie drei (oder mehr) Vorhaben oder Erfahrungen, die Sie realisieren beziehungsweise machen möchten.
>
> Ziehen Sie eine senkrechte Zeitlinie, auf der Sie die nächsten fünfundzwanzig Jahre abtragen (in der Annahme, dass Sie mindestens noch so lange leben). Schreiben Sie jedes Ihrer Ziele neben das Jahr, in dem Sie es erreichen möchten.

Fällt ihnen auf, dass nicht unbedingt alles in die nächsten paar Jahre gepresst werden muss und »alles Vornehmen unter dem Himmel ... seine Stunde« hat?

*Wie kann ich die
Leute dazu bringen,
mich respektvoller
zu behandeln?*

Wie man in den Wald hineinruft,
so schallt es heraus

Was wir in Freundlichkeit säen, kommt als eine
Ernte von Überraschungen zu uns zurück. Was
wir an Geschenken machen, erhalten wir in
unterschiedlichen Verpackungen zurück. Auch die
über die Welt geworfenen Schatten des Negativen
erreichen den Absender bald wieder. Gute Werke und
positives Wirken sind wie Samen, die sich vielfach
vermehren. Wir pflanzen Setzlinge und stehen
irgendwann vor einem Wald der Dankbarkeit.
Der schlichteste Akt der Großzügigkeit gereicht
dem Gebenden zum Segen, doch wenn wir
geben, um zu bekommen, zerschellen unsere
Hoffnungen an den Klippen der Anhaftung. Geben
Sie also Ihr Bestes, nur um zu geben, und das Beste
wird zu Ihnen zurückkommen.

Frage *Ihre Bücher weckten in mir das Bedürfnis, meinem Vater nach zweiunddreißig Jahren endlich wieder einmal zu schreiben. Da brachen die Gefühle über mich herein, und ich schrieb ihm von meiner Liebe zu ihm. Ich habe mein Lebtag nicht so sehr geweint, und es tat gut. Wie sieht Ihre Beziehung zu Ihrem Vater aus?*

Antwort Ich besuche meinen alten Vater regelmäßig und vergesse nie, ihm zu sagen, dass ich ihn liebe. Ich umarme ihn und küsse ihn auf die Wange. Genauso wichtig ist aber, dass auch ich ihm die Wange biete und ihn seine Zuneigung zeigen lasse. Er ist schon über neunzig und muss doch immer noch weinen, wenn er sich erinnert, dass er seinem eigenen Vater nie von seiner Liebe zu ihm gesprochen hat. Alles würde er geben, wenn er ihn noch einmal sehen dürfte, um eben das zu tun. Wenn wir auf unser Leben zurückblicken, bedauern wir das Getane meist längst nicht so sehr wie das, was ungetan blieb.

Unsere guten und nicht so guten Taten hallen in uns selbst und in der Welt nach. Wer ein Verbrechen begeht und weder auf frischer Tat noch später ertappt wird und anscheinend ungeschoren davonkommt, entgeht doch nicht dem, der alles sieht. Manche sagen, das sei Gott. Man muss aber nicht unbedingt an göttliche Gerechtigkeit glauben, denn wir sehen uns ja selbst. Und unser Selbstwertgefühl, das uns sagt, was wir verdient haben, beeinflusst unser Leben sehr tief greifend. Wenn wir uns freundlich und mitfühlend zeigen und in unserem Handeln vom Geist des Dienens geleitet sind, hebt das unser Selbstwertgefühl, und wir können unser Herz für die schönen Dinge des Lebens öffnen. Ebenso wenig entgeht uns unser niedriges und für andere schädliches Handeln. Ich beobachte immer wieder, dass man sich mit solchem Handeln schließlich selbst untergräbt und einschränkt und schweres Leid zufügt.

Zu geben, ohne dass es belohnt oder auch nur beachtet würde, das hat etwas ganz Besonderes.
ANNE MORROW LINDBERGH

Verhilf anderen zu dem, was sie sich wünschen, und du wirst bekommen, was du dir wünschst.
MODERNES SPRICHWORT

Am Ende schallt es *unweigerlich* so aus dem Wald zurück, wie man hineinruft, mag es auch zunächst oder an der Oberfläche anders aussehen. Wir arrangieren das selbst und in Übereinstimmung mit der Hausordnung. »Der brave Mann«, so heißt es, »denkt an sich selbst zuletzt.« Schon richtig, doch der brave Mann, ob er vom Kuchen nun etwas bekommt oder nicht, schneidet immer und von vornherein am besten ab.

Ein Hauch des Duftes bleibt an der Hand, welche die Blumen schenkt.
CHINESISCHES SPRICHWORT

Sie haben Ihrem Vater einen sehr liebevollen Dienst erwiesen, und ich nehme an, dass Ihr Brief ihm kostbar ist. Aber wie ich Ihren Worten entnehme, hat das Schreiben auch Sie froh gemacht. Ein jüdisches Sprichwort sagt: »Was Seife für den Körper ist, das sind Tränen für die Seele.« Und das gilt insbesondere für Tränen wie die Ihren. Wenn Menschen Schönes tun, wird das Leben um so viel schöner. Was wir geben, bekommen wir vielfach zurück. Vielleicht meinte Aldous Huxley eben das, als er gegen Ende seines Lebens gefragt wurde, was er durch seine spirituelle Suche und Praxis gelernt habe. Er antwortete: »Das kann ich in sechs Worten sagen: ›Versuche, ein bisschen freundlicher zu sein.‹«

Frage   *Ich bin so oft enttäuscht von den Menschen – sie tun nicht, was sie ankündigen, sie halten nicht Wort, sie sind unpünktlich. Dieser Spruch »Je mehr Menschen ich kennen lerne, desto mehr liebe ich meinen Hund« ist mir aus der Seele gesprochen. Bin ich ungerecht?*

Antwort   Wir alle empfinden manchmal so. Menschen machen Fehler und sind nicht immer zuverlässig. Und wer hohe Ideale hat, wird häufig enttäuscht, vor allem wenn er auf die Schwächen der Leute schaut und ihre Stärken nicht beachtet. Doch Vorsicht: Machen Sie aus einzelnen Vorkommnissen kein allgemein gültiges Menschenbild.

Bei einem psychologischen Experiment wurde eine Gruppe von Studenten aufgefordert, die Initialen der Leute aufzuschreiben, die sie nicht mochten. Manchen Studenten fiel nur eine Person ein, andere notierten bis zu vierzehn. Es stellte sich heraus, dass diejenigen, die mit besonders vielen Menschen nicht zurechtkamen, selbst besonders unbeliebt waren. Umgekehrt wurden die Studenten, die wenig an anderen auszusetzen hatten, am meisten gemocht.

Wie man in den Wald hineinruft, so schallt es heraus. Die Welt spiegelt oder gibt uns zurück, was wir ihr bieten. Es kommt nicht immer in gleicher Form oder von dem betreffenden Menschen zurück, aber jedenfalls ist die Welt ein Spiegel. Nehmen wir folgende Geschichte von einem armen schottischen Bauern. Er hörte aus dem nahe gelegenen Sumpf einen Schrei und eilte zu Hilfe. Er sah einen Jungen im schwarzen Morast versinken und zog ihn auf sicheren Boden zurück. Am nächsten Tag fuhr an der Hütte des armen Bauern eine prächtige Kutsche vor. Ein vornehm gekleideter Herr bot ihm eine Belohnung an, doch er lehnte ab. In dem Augenblick erschien sein Sohn, und der vornehme Herr kam auf den Gedanken, dem Jungen eine gute Ausbildung angedeihen zu lassen. »Wenn der Bursche etwas von seinem Vater hat«, sagte er, »wird ein prächtiger Mann aus ihm werden.« Der Bauer willigte ein. Der Junge, er hieß Alexander Fleming, absolvierte ein medizinisches Studium. Er entdeckte später das Penicillin und wurde zum Ritter geschlagen. Penicillin rettete den Sohn des vornehmen Herrn, als er an einer Lungenentzündung erkrankte. Sein Name war Winston Churchill.

Es muss nicht immer so dramatisch zugehen, doch auf jeden Fall kommt unser Handeln irgendwie zu uns zurück. Das gehört zur Hausordnung.

Die Toten nehmen nur mit, was sie verschenkt haben.
DEWITT WALLACE

Das Maß unseres Erfolgs sind die Mittel, mit denen wir zu ihm gekommen sind.
ANONYM

Besitzt du viel, gib von deinem Reichtum. Besitzt du wenig, gib von deinem Herzen.
ARABISCHES SPRICHWORT

Was bedeutet das für Sie persönlich?

Wenn wir geben, um etwas zu bekommen, lässt uns das, was zurückkommt, häufig unbefriedigt. Geben wir aber, weil wir nichts weiter als geben wollen, wird sofort etwas lebendig – Freude, aber außerdem auch Verbundenheit, Sinn, Wertschätzung. Das Echo entspricht immer dem Ruf, ob es von außen oder von innen kommt. Und dieser Punkt der Hausordnung wird nirgendwo deutlicher als in unseren Beziehungen zu anderen.

Schreiben Sie die Namen dreier Menschen auf, die Sie gut kennen.

Notieren Sie neben jedem Namen, was Sie diesem Menschen heute, diese Woche oder diesen Monat ganz konkret gegeben haben.

Und schließlich notieren Sie noch, was Sie von jeder Person konkret bekommen haben. Bei sorgfältiger Betrachtung wird sich vermutlich zeigen, dass Sie mindestens soviel bekamen, wie Sie selbst gegeben haben.

Fragen Sie sich, was Sie der Welt, Ihrem Leben und den Menschen in Ihrer Umgebung gegeben haben. Betrachten Sie, was Sie bekommen, auch eben jetzt.

*Wie kann man etwas
ausrichten in der Welt?*

Kleine Dinge können viel bewirken

Manche in den Augen der Welt große Leistungen bedeuten in den Augen des Geistes wenig. Und was die Welt als klein ansieht, kann für den Geist groß sein. Das Leben besteht nicht nur aus großen Gesten, Heldentaten und historischen Errungenschaften; das Leben besteht aus kleinen Dingen. Die kleinste Handlung kann die größte Wirkung haben. Es bringt wenig, auf den großen Umschwung oder Durchbruch zu warten. Tun Sie einfach nur die kleinen Dinge. Viele kleine Schritte bringen den großen Fortschritt. Im Sport, in unseren Beziehungen, in Kunst und Geschäftsleben kann es sein, dass der Erfolg gerade nur einen Tag entfernt ist, nur noch eines letzten Versuchs bedarf. Ein einziges Wort kann erhebend oder niederschmetternd wirken; ein Tropfen bringt das Fass zum Überlaufen; ein schlichtes Lächeln, eine liebevolle Berührung kann unsere Welt heilen.

Frage *Ich möchte meinen Kindern gern etwas über Spiritualität vermitteln, verspüre jedoch wenig Neigung, mich irgendeiner bestimmten Glaubensrichtung anzuschließen. Da Sie selbst Vater sind und außerdem eine spirituelle Ausrichtung haben – was würden Sie vorschlagen?*

Antwort Manche meiner Leser nehmen an, ich bringe meinen Kindern das Meditieren bei oder führe sie in andere spirituelle Praktiken ein, doch dem ist nicht so. Wenn Sie das verstehen möchten, beobachten Sie einmal Ihre Kinder oder erinnern Sie sich an Ihre eigene Kindheit: Sie werden erkennen, dass Kinder bereits einen unmittelbaren Zugang zum Geist haben. Könnten Sie ihnen wohl etwas zeigen, das sie nicht schon gesehen haben? Wir können ihnen beibringen, wie man sich die Schuhe bindet, aber können wir sie lehren zu staunen? Wir können ihnen zeigen, wie man sicher über die Straße kommt, aber können wir ihnen Ehrfurcht vor dem Schönen beibringen? Beobachten Sie bei einem Spaziergang, wie Ihre Kinder immer wieder anhalten, um Insekten oder Blumen genau zu untersuchen oder neugierig alle Geheimnisse des Lebens zu betrachten. Unsere Kinder belehren uns über die kleinen Dinge, die so viel bedeuten.

Kinder sind wie Hundewelpen, sie brauchen keine hochdifferenzierten Unterweisungen. Sie brauchen liebevolle Zuwendung und Butterbrote, sie brauchen Aufmerksamkeit, Geschichten und erfülltes Zusammensein, sie brauchen es, dass wir sie auf den Schoß nehmen, ihnen Grenzen setzen und sie so oft wie möglich in die Arme nehmen. Sorgen Sie für ihre Sicherheit, und lassen Sie sich auf ihre natürlichen Interessen ein. Führen Sie ihnen verschiedene lohnende Ziele vor Augen; und wenn sie sich dann für etwas entschieden haben, wird es darauf ankommen, ihren Sinn für zielstrebiges Engagement zu wecken: wie man Durchhänger und Phasen von ermüdendem Einerlei

> Wir können nicht alle Großes vollbringen, aber wir können die kleinen Dinge mit viel Liebe tun.
> MUTTER TERESA

überwindet, um in die Region echter Könnerschaft vorzu-
stoßen. Vor allem aber: Geben Sie ihnen ein gutes Beispiel. Wie James Baldwin schrieb: »Kinder hören nicht
immer auf ihre Eltern, aber sie ahmen sie unweigerlich
nach.«

Dwight Morrow, der Vater von Anne Morrow Lindbergh,
soll einmal eine Dinnerparty gegeben haben, zu der auch
der Präsidentschaftskandidat Calvin Coolidge eingeladen
war. Später am Abend, als Coolidge schon gegangen war,
sagte Morrow zu den übrigen Gästen, Coolidge werde
einen guten Präsidenten abgeben. Er fand keine Zustim-
mung. Die übrigen meinten, Coolidge sei zu still und außerdem farblos; er besitze zu wenig Persönlichkeit, und
niemand möge ihn so recht. In diesem Augenblick zeigte
die damals sechsjährige Anne ihren verbundenen Finger
vor und sagte: »Ich mag ihn, er war heute abend der Einzige, der sich nach meinem Finger erkundigt hat.« Ihr Vater
fügte hinzu: »Und deswegen meine ich, dass er einen guten Präsidenten abgeben würde.«

Bei Kindern kommt es auf die kleinen Dinge an – dass
Sie sich beispielsweise nach einem schlimmen Finger er-
kundigen oder einen wichtigen Geschäftspartner unter-
brechen, weil Ihr Kind gerade etwas fragen muss, oder
dass Sie jeden Abend eine Geschichte vorlesen. Machen
Sie sich keine Gedanken über die Spiritualität ihrer Kin-
der; erinnern Sie sich einfach an Ihre eigene, und fördern
Sie behutsam ihren natürlichen Sinn für Aufrichtigkeit.
Führen Sie ihnen Identifikationsfiguren vor Augen, die
eher auf Aussöhnung als auf Kampf aus sind, die für
Tugenden wie Mut, Fleiß und Dienstbereitschaft stehen.
Mit diesen kleinen, alltäglichen Dingen geben wir unseren
Kindern zu verstehen, was sie uns bedeuten.

Zum Erfolg
gehört, dass man
die gewöhnlichen
Dinge des Lebens
ungewöhnlich
gut macht.
ANONYM

Frage   *Ich bin zweiundzwanzig Jahre alt und lebe in dem
Gefühl einer spirituellen Zielsetzung. Vorderhand geht es aber*

auch darum, den materiellen Anforderungen des Lebens gerecht zu werden: Ich muss einer Arbeit nachgehen, um Studiendarlehen zurückzuzahlen und meinen Lebensunterhalt zu verdienen. Es kommt mir so vor, als wäre ich vom Weg abgekommen. Wie kann ich zu meiner Bestimmung zurückfinden? Brauche ich einen Lehrer?

Antwort Sie sprechen da ein Dilemma an, das ich in dieser oder jener Form bei vielen Menschen vorfinde, bei älteren ebenso wie bei jungen. Ich würde Ihnen nicht unbedingt eine Veränderung Ihrer Lebensumstände wünschen, sondern eine neue Betrachtungsweise der Dinge. Akzeptieren Sie die Umstände, in denen Sie nun einmal leben, als perfektes Umfeld für Ihren Weg. Warten Sie nicht auf große Ereignisse; wenden Sie sich vielmehr den kleinen Dingen zu, die Sie auch unter den gegenwärtigen Umständen jederzeit tun können und die Ihr Gefühl von spiritueller Sinngebung und Zielsetzung erneuern.

Denken Sie an kleine Dinge, die sehr viel ausmachen: Ein Baseball-Batter trifft 275mal pro Saison, ein anderer 300mal. Der mit den 300 Treffern verdient doppelt so viel wie der andere, obwohl sie sich in ihrer Trefferquote um nicht einmal zehn Prozent unterscheiden. Ein Rennpferd gewinnt vielleicht um Nasenlänge, ein Marathonläufer mit einem Schritt, ein Schwimmweltmeister mit einigen Hundertstelsekunden Vorsprung, ein Basketballteam durch einen Weitwurf beim Schlusssignal. Sehr selten ist jemand wirklich doppelt so gut oder auch nur um die Hälfte besser als alle anderen. Ein Vorsprung von fünf oder zehn Prozent gibt den Ausschlag. Und wenn Ihnen diese Beispiele aus dem wirklichen Leben nicht spirituell genug erscheinen, dann denken Sie einmal an jemanden, der zehn Minuten täglich meditiert (oder irgendeiner einfachen Übung nachgeht), und einen anderen, der gar nicht übt, aber stets »bald« damit anfangen will. Nach einem

> Die kleinen Dinge und kleinen Augenblicke sind nicht klein.
> JON KABAT-ZINN

Jahr summieren sich diese paar Minuten am Tag auf über sechzig Stunden – und eine sehr förderliche Gewohnheit.

Ihre künftige Berufung – zu etwas Großem oder zu etwas ganz Einfachem – ist ein Same, der zu seiner Zeit keimen möchte. Sorgen Sie jetzt einfach durch gute Ausbildung und Geduld für fruchtbaren Boden. Bei mir war es so, dass meine Begabungen und Interessen sich erst nach einer Reihe ganz unterschiedlicher Jobs und Erfahrungen herausschälten. Das gehörte alles dazu. Es ist ein Fluss, und den können Sie nicht anschieben. Wählen Sie jeweils das, was sich Ihnen gerade als besonders verlockend darstellt; geben Sie sich mit dem ab, was Sie gerade vor sich haben.

Sie schreiben: »Ich komme mit meinem Leben nicht weiter, solange ich nicht ...« Aber Sie *bewegen* sich doch, Tag für Tag, ob Sie es bemerken oder nicht. Die Universität ist ja keine Bühnenprobe; sie ist echtes Leben, und die kleinen Dinge, die Sie in jedem Kurs, auf jeder Seite täglich lernen, machen wirklich etwas aus. Gehen Sie nicht, indem Sie auf etwas anderes warten, an dem vorbei, was jetzt passiert. Das Leben entfaltet sich ringsum in vollkommener Weise. Es trifft einfach nicht zu, dass an Ihrem Leben und den gegenwärtigen Anforderungen etwas nicht in Ordnung wäre. Spielen Sie die Karten aus, die Sie jetzt in der Hand haben, und zwar so gut wie möglich – ein andermal werden wieder andere Karten ausgeteilt.

Wenden Sie sich also den kleinen Dingen zu, während Sie darauf warten, dass der große Weg sich auftut, die große Berufung sich zeigt. Helfen Sie zum Beispiel ein, zwei Stunden die Woche in einer Schule, einem Obdachlosenheim, einer Suppenküche aus. Das bringt Sie von sich selbst weg und der Welt näher. Wenn Sie sich um andere kümmern, werden Sie weniger daran denken, wie Sie Ihren Lehrer finden können; statt dessen können Sie durch Ihr Handeln in alltäglichen Dingen für andere zum

---

Ein schartiger Zahn kann das ganze Getriebe ruinieren.
RUSSISCHES SPRICHWORT

Freu dich an den kleinen Dingen; es gibt so viele.
STÄDTISCHE LEBENSWEISHEIT

Vorbild und damit zum Lehrer werden. Leben Sie jeden Tag zielstrebig – ein kleiner Schritt und dann wieder einer. Wir wissen nie, welche Überraschungen das Leben für uns bereithält.

Was bedeutet das für Sie persönlich?

Würden Sie gern meditieren, finden aber die Zeit dazu nicht? Fangen Sie mit dreißig Sekunden am Tag an, und überlassen Sie sich dem Gang der Dinge.

Möchten Sie gern ein tägliches Trainingsprogramm aufnehmen? Fangen Sie mit einem Hampelmannsprung jeden Morgen an, und sehen Sie zu, was daraus wird.

Möchten Sie den Hunger in der Welt besiegen? Machen Sie einmal die Woche ein belegtes Brot, und geben Sie es jemandem, der Hunger hat.

Was möchten Sie in Ihrem Leben erreichen? Was es auch sei, fangen Sie klein an, und lassen Sie das klein Angefangene zu einem festen Bestandteil Ihres Lebens werden.

Schreiben Sie drei Dinge auf, die Sie gern zu Bestandteilen Ihres täglichen Lebens machen würden. Schreiben Sie neben jeden Punkt, welchen kleinen Schritt in diese Richtung Sie heute tun könnten. Tun Sie ihn.

112

*Andere Leute
kommen mir begabter
vor – wie kann ich
da erfolgreich sein?*

Spielen Sie Ihre Stärken aus

Jeder Mensch hat Schwächen. Auch große historische
Gestalten hatten Charakterfehler, über die sie am
Ende zu Fall kamen. Doch solange sie lebten,
konnten sie anderen Hoffnung machen, schufen
große Werke, bewegten ganze Nationen oder
bestimmten den Lauf der Geschichte. Arbeiten Sie
also an Ihren Schwächen, sorgen Sie für ein festes
Fundament, beseitigen Sie Schwachstellen. Wenn
Sie aber wirklich etwas ausrichten möchten in
der Welt, dann schauen Sie weniger auf diese
Schwachstellen als vielmehr auf Ihre Stärken.
Besinnen Sie sich auf Ihre Begabungen, Ihre
Leidenschaft, finden Sie Ihre Bestimmung – und
dann folgen Sie diesem Pfad, wohin er Sie führt.
Ein Düsenflugzeug kann nicht den Rasen mähen,
aber es kann ferne Ziele erreichen. Zerbrechen Sie
sich nicht den Kopf über das, was Sie nicht können.
Tun Sie einfach das, was nur Sie so können, wie
Sie es können.

Frage *Mein Job verschafft mir ein Einkommen, und die Arbeit ist nicht unbedingt unbefriedigend, aber ich wünsche mir eine eher spirituelle Beschäftigung. Wo könnte ich da ansetzen?*

Antwort Was meinen Sie mit »spirituelle Beschäftigung«? Jesus war ein Zimmermann, und es gibt unzählige Geschichten von Zen-Metzgern und Zen-Meistern. Einstein arbeitete im Patentamt, Gandhi betätigte sich als Tuchweber, der Dalai Lama repariert Armbanduhren. Mein Lehrer Socrates, von dem ich in *Der Pfad des friedvollen Kriegers* erzählt habe, arbeitete in einer Tankstelle. Für ihn war diese Arbeit eine Gelegenheit, mit Menschen in Kontakt und Austausch zu treten. Er war stets freundlich und achtete auf jede Einzelheit und ließ die Menschen spüren, dass es keine gewöhnlichen Augenblicke der bloßen Routine gibt. Wo er sich auch aufhalten mochte, er war ein Segen für die Menschen. Auch wir können unsere besonderen Eigenschaften und Begabungen so einsetzen, dass unsere Arbeit und unsere Umgebung spiritueller werden.

Wenn wir einen wirklich passenden Beruf suchen, müssen wir uns fragen: »Was sind meine ureigenen Interessen und Fähigkeiten?« Es gehört Selbstreflexion dazu, und aus der wird schließlich Selbsterkenntnis. Unser beruflicher Werdegang enthält vielleicht viele Wegbiegungen; wir fangen in einem Gewerbe oder mit einem Beruf an, doch dann ergeben sich überraschende Wendungen, die uns schließlich darauf bringen, was wir eigentlich tun wollen. Ein naturheilkundlicher Arzt bekam am selben Tag eine Fachzeitschrift für Naturheilkunde und eine Ausgabe der Computerzeitschrift *Macworld*. Er griff zuerst zur Computerzeitschrift, und so ging ihm auf, welchem Thema seine größere Leidenschaft galt. Seitdem arbeitet er auf dem Gebiet der Computersoftware. Ein anderer Freund

> Im Leben ist es nicht immer so, dass man gute Karten bekommt; manchmal kommt es darauf an, schlechte Karten gut zu spielen.
> ROBERT LOUIS STEVENSON

war als Anwalt tätig, bis er einmal einen Chiropraktiker aufsuchte und so auf seine eigentliche Berufung stieß.

Wenn du etwas kannst, lass dich dabei nicht von dem stören, was du nicht kannst.
JOHN WOODEN

Sie suchen eine »eher spirituelle Beschäftigung«. Vielleicht meinen Sie damit einfach einen sinnvolleren, kreativeren, anspruchsvolleren Beruf, eine Arbeit, auf die Sie sich am Montagmorgen freuen, die Ihnen alles abverlangt, bei der Sie etwas lernen, die Ihre wahren Stärken fordert. Halten Sie die Augen offen. Erkunden Sie alles Mögliche, experimentieren Sie. Aber geben Sie Ihr Tagwerk nicht auf. Tun Sie das, was Sie jetzt tun, so gut wie möglich.

Nutze alles an Begabung, was du hast. Es wäre still in den Wäldern, würden nur die Vögel singen, die es am besten können.
ANONYM

Geist, Spiritualität, beziehen wir nicht aus unserer Arbeit; wir bringen sie vielmehr ein. Deshalb geht es weniger darum, *was* wir tun, sondern *wie* wir es tun. Martin Luther King junior hat einmal gesagt: »Worin deine Arbeit auch bestehen mag, mach sie so gut, dass kein anderer sie besser machen könnte. Wenn es dir bestimmt ist, Straßenkehrer zu sein, dann kehr die Straßen, wie Michelangelo gemalt, Shakespeare geschrieben und Beethoven komponiert hat. So gut, dass die himmlischen und irdischen Heerscharen staunend stehen bleiben und sagen: ›Hier lebt ein großer Straßenkehrer.‹« Machen Sie Ihre Arbeit zu einem Weg der persönlichen und spirituellen Entwicklung. Dazu ist nur erforderlich, dass Sie sie im Geist des Dienens so gut wie möglich machen.

Jeder muss mit den Riemen rudern, die er nun einmal hat.
ENGLISCHES SPRICHWORT

Frage *Ich verstehe das Bild des spirituellen Kriegers nicht. Es scheint ein vorwiegend männliches Bild zu sein. Wenn wir kämpfen oder uns verteidigen, missachten wir dann nicht die nährende Energie oder die weibliche Seite Gottes?*

Antwort Den Geist des friedvollen Kriegers gibt es bei Frauen ebenso wie bei Männern, nur sind die Ausdrucksformen andere. Die weibliche Seite Gottes kann sich als nährende Mutter zeigen, aber auch als Bärin, die wild entschlossen ihre Jungen verteidigt. So ist es in jeder Spezies, auch bei uns Menschen: Männer und Frauen können kämpfen, um sich selbst oder ihre Kinder zu verteidigen, aber sie können sich auch kämpferisch für Freiheit und Gerechtigkeit einsetzen. Beide haben sogar die Pflicht, den Körper zu nähren und zu verteidigen – ihn zu behandeln, wie wir unser eigenes Kind behandeln würden. Schließlich haben wir den Körper nicht selbst gemacht; er ist ein Geschenk, dem Fürsorge und Schutz zusteht. Wir müssen ihn nicht nur gegen Angriffe verteidigen, sondern auch vor Stress, Gesundheitsschäden, Missbrauch und Ausbeutung bewahren. Den Körper beschützen heißt den Geist nähren.

> Mit dem, was du hast, und von da aus, wo du bist, tu, was du kannst.
> ANONYM

Ich habe einmal ein Interview mit einem Träger des schwarzen Gürtels in einer Kampfkunstart gelesen. Er sagte, er habe eine Form der Selbstverteidigung lernen wollen, um sich besser schützen zu können, doch dann erzählte er weiter, er habe sich beim Training so ungefähr jeden zweiten Knochen gebrochen. Ich hätte ihn zu gern gefragt, warum er dann nicht einfach auf die Straße gegangen sei, um sich überfallen oder von einem Lastwagen anfahren zu lassen. Er musste offenbar noch lernen, dass auch die dem Weiblichen zugeschriebenen hegenden und nährenden Qualitäten dem Schutz und der Verteidigung dienen.

Und was als Schwäche erscheint, kann manchmal eine große Stärke werden. Nehmen Sie den Fall des zehnjährigen David, der bei einem Autounfall seinen linken Arm verlor. Trotz dieser Behinderung wollte er bei einem alten japanischen Judo-Lehrer oder Sensei Judounterricht nehmen. Er machte gute Fortschritte, konnte aber nicht verstehen, weshalb sein Lehrer ihm nur einen einzigen Judogriff beibrachte und auch nach drei Monaten nichts Neues dazukam. Der Sensei erklärte ihm: »Das ist der einzige Griff, den du bei mir lernen wirst, David – und der einzige, den du je brauchen wirst.«

> Haben wir unsere Grenzen einmal akzeptiert, können wir über sie hinausgehen.
> BRENDAN FRANCIS

Etliche Monate später nahm David an seinem ersten Turnier teil und setzte seinen einen Griff so entschlossen ein, dass er die ersten drei Kämpfe gewann. Und wie staunte er, als er sogar das Finale erreichte. Diesmal war er jedoch unterlegen – sein Gegner war größer, stärker und erfahrener. Er machte jedoch einen schweren Fehler, so dass David seinen Griff ansetzen und ihn auf die Matte strecken konnte. Er war Turniersieger! Sein Lehrer sagte später zu ihm: »Du hast aus zwei Gründen gewonnen: Erstens beherrschst du einen der schwierigsten Würfe des Judo nahezu perfekt, und zweitens ist gegen diesen Griff nur eine Form der Abwehr bekannt – der Gegner müsste dich am linken Arm packen.« So war aus Davids Schwäche seine größte Stärke geworden.

Männer und Frauen bringen unterschiedliche Stärken und Schwächen mit. Als werdende friedvolle Krieger müssen wir irgendwann das Beste an männlichen und weiblichen Kräften in uns entwickelt haben, um uns einerseits verteidigen und andererseits von unserer Ichbezogenheit lösen zu können. Wir achten die männliche und die weibliche Seite Gottes, und indem wir uns beide zu Eigen machen, finden wir Ausgeglichenheit und Ganzheit. Darin liegt unsere größte Stärke.

> Wir haben keine Kunst – wir machen alles so gut, wie wir können.
> BALINESISCHER AUSSPRUCH

Was bedeutet das für Sie persönlich?

Jedem von uns ist etwas mitgegeben, eine besondere Stärke oder Begabung, und wir haben die Aufgabe, sie zu entdecken und zu entfalten. Vergegenwärtigen Sie sich einmal Ihre potentiellen Stärken. Wenn Sie unsicher sind, können Sie Freunde oder Angehörige fragen; häufig sehen sie, was uns selbst verborgen bleibt. Menschliche Schwächen haben wir miteinander gemein; einzigartig sind wir durch unsere individuellen Begabungen. Charles M. Schultz, der Vater der *Peanuts*, hat einmal gesagt, er sei in seiner Jugend auf keinem Gebiet besonders gut gewesen, habe jedoch gern Cartoons gezeichnet. Trotzdem war der Weg zum Erfolg auch für ihn steinig; seine ersten Cartoons wurden abgelehnt. Denken wir also daran, dass alles schwierig ist – bis es einfach wird. Gehen Sie Ihren Interessen nach, denn Interessen können zu Leidenschaften entflammen, Leidenschaften zu Stärken werden. Charles M. Schultz spielte seine Stärken aus und gestaltete mit ihnen ein Leben, ja ein ganzes Imperium.

Wenn Sie Ihre Stärken noch nicht gefunden und Ihre Begabungen noch nicht ausgebildet haben, stellen Sie sich folgende Fragen:

Was macht mir Freude, sei es Arbeit oder Hobby?

Wobei vergeht die Zeit ganz schnell?

Welche für andere nützliche Betätigung könnte mir Spaß machen, wenn ich materiell unabhängig wäre?

Wenn sich Ihr Interesse zu einer Stärke entwickelt und diese Stärke sich ein Ziel sucht, dann lassen Sie Ihrer Vorstellungskraft freien Lauf ... wohin könnte mich das führen? Spielen Sie Ihre Stärken aus, und lassen Sie sich von Ihren Träumen durch die schwierigen Phasen tragen.

*Ich bin unzufrieden
mit meinem Leben.
Was kann
ich verbessern?*

Wenn Sie Ihr Leben verwandeln möchten,
ändern Sie etwas an Ihren Erwartungen

Das Leben entspringt dem Unerklärlichen:
Augenblicke entfalten sich, Dinge ereignen sich. Dann
schreiben wir dem Geschehenden eine Bedeutung zu.
Wir sehen die Dinge nicht, wie sie sind, sondern wie
wir sind. Und indem wir die Welt durch die Brille der
Deutung und Erwartung sehen, machen wir aus dem,
was einfach da ist, ein Drama, eine Komödie, eine
Tragödie, eine phantastische Geschichte oder eine
Seifenoper. So erzeugen wir selbst unsere Träume und
Alpträume, und Stress entsteht dadurch, dass wir dem
schlicht Vorhandenen Widerstand entgegensetzen.
Wer Freiheit will, schließe Frieden mit dem
Unerklärlichen; wer seine Welt von Grund auf
neu gestalten möchte, der ändere seine Erwartungen.
Die Wirklichkeit ist nicht das, was wir denken.

Frage *Ich bemühe mich, Schmerzen und Leiden in der Welt hinzunehmen und nicht an der Menschheit irre zu werden. Aber wie können die spirituellen Lehrer sagen, alles sei so, wie es sein soll? Wie können Sie die Welt als vollkommen ansehen, während Tiere für Experimente gequält werden, während die Welt voller Krieg, Ungerechtigkeit und Habgier ist?*

Antwort In dieser Welt sind Schönheit und Hässlichkeit, Güte und Grausamkeit. Die Frage ist: Woran heften wir unsere Aufmerksamkeit? Ein anonymer Dichter schrieb: »Zwei blickten durch Gefängnisgitter, der eine sah Schmutz, der andere Sterne.« Sie fühlen mit den wachsenden Schmerzen der Menschheit; aber lassen Sie Ihr empfindsames Herz Trost finden in Schönheit, Hoffnung und Humor, die es in dieser Welt ja auch gibt.

Wenn wir die Welt ausschließlich von unseren Idealen her betrachten, wird sie uns nie genügen. Hier eine kleine Geschichte, die zeigt, wie Erwartungen und Vorannahmen sich auf unsere Wahrnehmung auswirken:

Ein Bauer vermisste in seinem Geräteschuppen eine Axt. Sein Verdacht fiel auf den Nachbarjungen. Er fand, der sehe aus wie ein Dieb, verhalte sich wie ein Dieb und spreche wie ein Dieb. Dann fand der Bauer seine Axt jedoch wieder, und da sah der Sohn des Nachbarn wieder aus wie jeder andere kleine Junge, handelte wie ein kleiner Junge und sprach wie ein kleiner Junge.

Schatten gibt es in der Welt und in uns, doch das sollte uns nicht blind machen für das Licht. Halten Sie sich also an den Gedanken, dass für uns die Zeit des Heranwachsens nicht leicht war und es auch für die Menschheit insgesamt nicht leicht ist, reif und erwachsen zu werden. Manches mögen wir uns anders wünschen, doch die Welt nimmt nun mal den Weg, den sie nehmen muss. Wir können dabei nichts anderes tun, als unsere Sicht der Dinge zu ändern und den Sinn unserer Wachstumsschmerzen zu

> Wer alles ihm Aufgetragene vollbringen will, muss sich mehr Größe zubilligen, als er besitzt.
> JOHANN WOLFGANG VON GOETHE

erkennen. Sehen Sie sich um, ob Sie nicht doch auch Heldentum und Mitgefühl entdecken; lassen Sie sich davon inspirieren und Halt geben, wenn die Nachrichten voller Kriege, Greuel und menschlicher Torheiten sind. Die Nöte und Schmerzen, die wir verursachen oder selber leiden, sind nicht »in Ordnung«, aber trotzdem vollkommen in dem Sinne, wie ein Vulkanausbruch oder eine Sternenexplosion vollkommen sind: Solche Dinge geschehen in Gottes Universum. Wollen wir uns anmaßen zu wissen, wie die Welt sich entwickeln wird oder soll?

Hier die Geschichte eines krebskranken Footballspielers: Als sein Coach ihn im Krankenhaus besuchte und fragte, wie es ihm gehe, lächelte er tapfer und sagte: »Soweit ganz gut.« Aber sein hohläugiger Blick sprach eine ganz andere Sprache.

> Die größte Entdeckung meiner Generation ist die, dass Menschen ihr Leben ändern können, wenn sie ihre geistige Haltung ändern.
> WILLIAM JAMES

Nach einer langen Pause beugte sich der Trainer über das Gesicht seines Spielers und sagte: »Hör zu, Mike, ich brauche dich im Juli beim Trainingslager auf dem Platz, und zwar einsatzbereit. Dieses Jahr gehen wir aufs Ganze.«

Mike Westhoff, der seine Krebskrankheit inzwischen überwunden hat, ist Trainer der Miami Dolphins. Über seinen Coach Don Shula sagt er: »Er sprach das in mir an, was ich sein konnte, und nicht das, was ich war. Das gab den Ausschlag.«

Schwere Zeiten gehören zum Leben – ob Sie darin etwas Tragisches oder Heroisches sehen, ob Sie es sinnlos finden oder glauben können, dass es für irgendetwas gut ist, liegt ganz bei Ihnen. Es steht Ihnen frei, Sinn zu sehen oder Wahnsinn, ein Licht anzuzünden oder die Finsternis zu verwünschen. Sie können die Welt nicht heilen, nur sich selbst. Nehmen Sie das Leben, wie es ist. Wenn Sie eine freundlichere Welt möchten, seien Sie freundlich; möchten Sie Frieden in der Welt, dann schaffen Sie Frieden in sich selbst. Lassen Sie also die Erwartungen weg, und befreien Sie Ihr Leben. Nur aus eigener Freiheit können Sie andere befreien.

Frage *Wie ich höre, sind Ihnen Taten wichtiger als Gefühle und Überzeugungen. Ich glaube, dass wir uns aufgrund unserer Gefühle als lebendig erleben. Ist es nicht falsch, unsere Gefühle zu ignorieren?*

Antwort Ich bin gar nicht für das Ignorieren unserer Gefühle, sondern sage, dass sie voll und ganz akzeptiert werden müssen. Die Gefühle annehmen heißt aber nicht, dass wir uns ihnen unterwerfen sollen. Wir können trotz all unserer Gefühle und Erwartungen zielstrebig leben und handeln, aber sie färben natürlich unsere Wahrnehmung, und das kann auf unser Verhalten durchschlagen.

Wenn ich Menschen als vertrauenswürdig (oder nicht vertrauenswürdig) erachte, werde ich mich entsprechend verhalten und meine Erwartungen immer wieder bestätigt sehen. Wenn man einen Wochenendausflug mit Zelten vorschlägt, denken manche an Naturschönheit, an prasselndes Lagerfeuer und köstliche Dinge, die man da rösten, backen, grillen kann, an den nächtlichen Sternenhimmel. Anderen fällt zum gleichen Thema nur Enge, Ungeziefer, Dreck und Plumpsklo ein. Die Erwartungen werden sich mehr oder weniger stark auf das Verhalten auswirken, aber sie müssen uns nicht unbedingt beherrschen. Wir können uns gegenüber negativen Erwartungen durchsetzen, und dann müssen sie unser Leben nicht unnötig einschränken.

»Mit unseren Gefühlen gehen« – das heißt ja nicht, dass wir jeden Impuls einfach ausleben, sondern dass wir auf unsere Intuition vertrauen. Ein ganz nach den ständig wechselnden Emotionen ausgerichtetes Leben wird in Richtung Chaos tendieren, wie ein durch zu viele Felder irritierter Kompass. Geisteskrankheit ist unter anderem defi-

Ein und denselben Tumult am Himmel erleben die Tauben als Blitz und die Blinden als Donner.
GEORGE SANTAYANA

Dem trüben und stumpfen Geist ist die Natur bleiern. Für den Erleuchteten jedoch ist die ganze Welt ein Lichterfunkeln.
RALPH WALDO EMERSON

niert als zwanghaftes Ausleben aller Gedanken und Gefühle. Aber solange wir nicht wirklich geisteskrank sind, können wir Verwirrung, sexuelle Begierde, Furcht, ja Mord- oder Selbstmordgelüste empfinden, ohne gleich zu entsprechendem Handeln gezwungen zu sein.

Der Einfluss der Gefühle und Erwartungen auf das Verhalten kann zu unserem Nutzen oder Schaden sein. Wichtig ist, dass wir uns dieses Einflusses überhaupt bewusst sind. Dann können wir ihn nutzbar machen, wie das folgende Beispiel zeigt:

George, ein Mathematikstudent höheren Semesters, kam einmal zu spät zur Vorlesung und konnte nur noch schnell zwei mathematische Probleme von der Tafel abschreiben, die, so nahm er an, als Hausaufgabe gestellt worden waren. Sie erwiesen sich als äußerst schwierig – das Schwierigste, was der Professor sich je hatte einfallen lassen. George arbeitete bis spät in die Nacht und am nächsten Abend wieder, doch wie er sich auch abmühen mochte, er kam nicht auf die Lösung. Er ließ jedoch nicht locker, und etliche Tage später gelang ihm der Durchbruch. Am nächsten Tag legte er seine Lösung zu den Papieren, die der Professor auf seinem Tisch liegen hatte. Ein paar Tage später, es war Sonntag, wurde George durch lautes Klopfen an der Tür geweckt. Wie staunte er, als sein Professor vor der Tür stand und aufgeregt rief: »George, George, Sie haben sie gelöst!«

»Ja«, sagte er, »das sollte ich doch, oder?«

Der Professor erklärte, es habe sich nicht um Hausaufgaben gehandelt, sondern um zwei berühmte mathematische Probleme, an denen die größten Mathematiker der Welt sich schon die Zähne ausgebissen hatten – und George hatte sie in ein paar Tagen gelöst. Heute ist George Dantzig Mathematikprofessor an der Stanford University. Seine großartige Leistung könnte als Vorlage für den entscheidenden Knackpunkt in *Good Will Hunting* gedient

---

Wie oft halten wir die Grenzen unseres Sehvermögens für die Grenzen der Welt.
ARTHUR SCHOPENHAUER

Es gibt drei Wahrheiten: meine Wahrheit, deine Wahrheit und die Wahrheit.
CHINESISCHES SPRICHWORT

haben. Hätte er gewusst, dass es sich um zwei berühmte und noch ungelöste Probleme handelte, vielleicht hätte er es dann gar nicht erst versucht. So aber ging er davon aus, dass es sich um zwar schwierige, aber doch normale und lösbare Aufgaben handeln müsse – und löste sie.

Wenn wir auf unsere Erwartungen und Gefühle achten, lernen wir aus ihnen, und dann stehen sie einem zielstrebigen Leben nicht im Wege.

Es ist nicht leicht, mit negativen Erwartungen und Gefühlen doch konstruktiv zu handeln – wie es auch für einen Alkoholiker nicht leicht ist, trocken zu bleiben, oder wie freundliche Worte uns nicht leicht fallen, wenn wir verärgert oder traurig sind. Doch ob wir es nun leicht oder schwer haben, auf jeden Fall entscheidet unser Verhalten darüber, wie wir leben.

Am Ende dürfte es das Beste sein, anstelle unserer Erwartungen eine Haltung neutraler Wachheit einzunehmen: gespannt und bereit, allem entgegenzusehen, was das Leben bringen mag; das Leben annehmen, wie es sich vor uns entrollt.

> Der eine glaubt, dass er kann, der andere glaubt, dass er nicht kann – und beide haben recht.
> HENRY FORD

Was bedeutet das für Sie persönlich?

Wenn von Kreuzfahrten die Rede ist, denken Sie dann an frische Meeresbrise, reichhaltige, köstliche Mahlzeiten, Shuffleboardspiele am Pool, Tanz unter dem Sternenhimmel, exotische Anlaufhäfen? Oder gehen Ihre Assoziationen in Richtung raue See, enge Kabinen, Seekrankheit ... Titanic?

Wenn Sie schon mal eine Kreuzfahrt – oder einen Campingurlaub – gemacht haben, war die Wirklichkeit dann so, wie Sie sie erwartet hatten, oder gab es auch Überraschungen?

Positive Erwartungen führen nicht unbedingt zu positiven Erlebnissen. Allzu hochgesteckte Erwartungen ziehen gern Enttäuschungen nach sich, wenn die Wirklichkeit ihnen nicht entspricht.

Hatten Sie schon einmal vor einem Film, einer Party oder einem Urlaub das Gefühl, dass etwas ganz Tolles Sie erwartete? Entsprachen die Erlebnisse dann dieser Erwartung? Können Sie sich vorstellen, dass Sie bei anderen – oder gar keinen – Erwartungen etwas anderes erlebt hätten?

Notieren Sie Ihre Erwartungen zu irgendetwas in Ihrem Leben Bevorstehendem. Wenn dieses Ereignis dann stattgefunden hat, sehen Sie Ihre Notizen noch einmal durch. Entsprach die Wirklichkeit dem, was Sie sich ausgemalt hatten? Was sagt Ihnen das?

129

*Was ist besser:
sich selbst und andere
beurteilen oder jedes
Verhalten akzeptieren?*

Urteilen Sie mitfühlend

Das Universum wurde nicht geschaffen, damit wir beurteilt werden, sondern damit wir etwas lernen. Trotzdem beurteilen wir uns und unsere Welt. Wer schnell urteilt, ist langsam beim Mitfühlen, und wer sich mit dem Mitfühlen schwer tut, hat vergessen, dass verletzend agierende Menschen nicht in die Hölle kommen, sondern schon in ihr sind und sich deshalb so verhalten. Niemand kommt mit irgendetwas durch – letzten Endes. Wenn wir anderen etwas nachtragen, lassen wir sie eigentlich nur mietfrei in unserem Kopf wohnen. Und ob wir nun urteilen oder nicht, die Dinge laufen ja doch so, wie sie nun mal laufen. Urteilen wir also mitfühlend, wenn wir denn urteilen müssen. Irgendwann wird uns aufgehen, dass wir nicht anderen zu vergeben, sondern selbst um Verzeihung zu bitten haben.

Frage *Ich habe meinen Sohn beinahe vom Tag seiner Geburt an seelisch und körperlich misshandelt. Jetzt ist er sechsundzwanzig, intellektuell sehr begabt, aber auch heroinsüchtig und ohne feste Bleibe. Ich werfe mir vor, dass ich sein Leben ruiniert habe. Er hat mir verziehen, aber wie kann ich mir vergeben?*

Antwort Ihre Reue deutet auf einen echten inneren Wandel hin. Sie sind nicht mehr so, wie Sie einmal waren. Durch Ihr Bekenntnis und Ihr aufrichtiges Bedauern unterscheiden Sie sich von zahllosen anderen, die ihre Fehler nicht eingestehen können oder wollen – denen ihre Vergangenheit vielleicht nicht einmal auf der Seele brennt.

Ihr Sohn ist kein Kind mehr. Die Vergangenheit war schwer für ihn, aber niemand zwingt ihn, Drogen zu nehmen. Nicht alle misshandelten oder verwahrlosten Kinder enden in der Sucht oder auf der Straße. Wenn er ein mustergültiger Bürger geworden wäre, würden Sie das auch ganz allein sich selbst zuschreiben? Wie können Sie sich also als alleinige Ursache seiner gegenwärtigen Lage sehen? Ihre Verhaltensweisen und Unterlassungen haben eine Rolle gespielt, aber Ihr Sohn entscheidet selbst, was für ein Leben er führt. Sie entscheiden über die jetzige Lebensweise Ihres Sohns so wenig, wie Sie Ihre eigene Vergangenheit ändern können. Es gibt nur eines, wofür Sie in dieser Welt verantwortlich sind: Ihr jetziges Handeln. Bedauern Sie Ihr Verhalten, trauern Sie, wenn Sie wollen, aber machen Sie sich klar, dass das einmal zu Ende sein muss. Geben Sie Ihrem Sohn, was Sie an Liebe und Rückhalt zu bieten haben, aber respektieren Sie, dass er sich gerade dieses Leben gewählt hat. Der Glaube sagt uns, dass alles, was uns im Leben widerfährt, der Belehrung der Seele dient und zu ihrem höheren Nutzen ist.

Jeder muss seine Last selber tragen, Sie können seine so wenig auf sich nehmen, wie ich Ihnen die Schuldgefühle

Urteile bilden sich, das ist ganz natürlich, und es ist nicht das Problem. Wenn wir jedoch solche Gedanken für die Wahrheit oder Wirklichkeit halten, werden wir ein bisschen verrückt.
ROSHI REB ANDERSON

> Wenn du die Menschen beurteilst, bleibt dir keine Zeit, sie zu lieben.
> MUTTER TERESA

> Die Zeit bringt Veränderung und vermag selbst unsere gegenwärtigen Meinungen umzukehren. Hüten wir uns daher, uns bezüglich der höchsten Dinge zu Richtern aufzuwerfen.
> PLATON

nehmen kann. Ich möchte Sie aber an ein paar Fakten erinnern: Sie haben Ihren Sohn zeitweilig vernachlässigt oder schlecht behandelt, aber es gab auch Zeiten, in denen Sie ihm die Windeln wechselten, ihn fütterten, ihn umsorgten, sich um seine Gesundheit kümmerten, ihm Geschenke machten, seine Wäsche wuschen. Ihr Leiden gereicht weder Ihnen selbst zur Ehre, noch hat Ihr Sohn etwas davon. Wir müssen alle mit unseren Fehlern, mit unserer Vergangenheit, mit uns selbst leben. Er auch. Anne Truitt hat einmal geschrieben: »Man braucht Güte, um sich das eigene Leben zu verzeihen.«

Seien Sie zu sich selbst so freundlich, wie Sie es gegenüber Ihrem Sohn gern wären. Solche Barmherzigkeit kommt aus dem Wissen, dass wir alle im Rahmen unserer gegenwärtigen Überzeugungen und Fähigkeiten das Bestmögliche tun. C. G. Jung schreibt: »Was, wenn ich darauf käme, dass *ich* der milden Gabe meiner eigenen Güte bedürftig bin, dass ich selbst der Feind bin, der meine Liebe braucht – was dann?« Jeder Heilige hatte eine Vergangenheit, und jeder Sünder hat eine Zukunft. Vielleicht liegt die Erlösung Ihres Sohnes darin, dass Sie selbst heil werden.

Frage *Die Leute streiten sich endlos über freien Waffenbesitz, Abtreibung, Religion, Politik, Sexualkunde, Kriminalität und Drogen. Aber es ändert sich offenbar nichts. Wissen Sie etwas, womit man die Menschen zusammenbringen könnte?*

Antwort Zwei diametral entgegengesetzte Denkrichtungen kämpfen seit Menschengedenken um die Vorherrschaft, Idealismus und Realismus. Zu den Idealisten zählen wir viele religiöse Denker und Verfechter bestimmter politischer Theorien. Als Realisten sehen wir Ingenieure, Kriminalbeamte und erfolgreiche Politiker an. Idealisten und Realisten vertreten grundsätzlich verschiedene Weltbilder und schlagen folglich ganz unterschiedliche Lösungen für gesellschaftliche Probleme vor.

Wenn es nur Realisten gäbe, würden wir in einer pragmatischen, ergebnisorientierten und wohl auch zynischen Gesellschaft leben, wo der Zweck stets die Mittel heiligt – einer Gesellschaft der Effizienz und des Nützlichkeitsdenkens, in der man nicht nach rechts oder links schaut oder gar den Blick zum Himmel erhebt, um nach den höchsten Möglichkeiten des Menschseins zu fragen. Doch wenn die Welt nur von Idealisten bevölkert wäre, würde die Gesellschaft an fortwährenden utopischen Experimenten zugrunde gehen: an ursprünglich von besten Absichten getragenen, aber funktionsuntüchtigen Systemen wie dem Kommunismus, die den Menschen von oben – durch Gewalt, Einschüchterung und Propaganda – aufgedrängt werden mussten.

Idealisten wollen wir sein, doch tatsächlich leben wir als Realisten. Beide Denktraditionen haben ihre Stärken und bleiben etwas schuldig, und beide sind wichtig für das Ganze, da sie einander wie Tag und Nacht oder Sonne und Mond die Waage halten. Irgendwie müssen wir also zwischen ihnen vermitteln, und das geschieht durch Verständnis, Toleranz und Respekt – niemals in der Weise, dass eines der Weltbilder das andere von seiner Richtigkeit überzeugt. Es *gibt* Gemeinsamkeiten, und wenn wir die finden, werden wir einander im Streit um Waffenbesitz, Abtreibung und Drogen nicht mehr als bösartig oder wahnsinnig ansehen, sondern einfach als verschieden.

In jedem von uns lebt ein Idealist und ein Realist: Wir würden gern das tun, was idealerweise das Richtige wäre, müssen uns aber stets mit dem zufrieden geben, was wir eben jetzt bestenfalls tun können. Wir sind reale Menschen, die sich ihrem Ideal anzunähern versuchen.

Nach dem Muster der folgenden Anekdote können wir uns die Vermittlung zwischen Idealisten und Realisten

Ein jeder, der sich über Wahrheit und Erkenntnis urteilen zu können anmaßt, scheitert unter dem Gelächter der Götter.
ALBERT EINSTEIN

Wenn du Schlechtes über jemanden sagen musst, sprich es nicht aus, sondern schreibe es – in den Sand am Wellensaum.

ANONYM

vorstellen: Ein Weiser stieß beim Gang über den Marktplatz auf eine aufgeregte Menge um zwei Streithähne. Sie schüttelten die Fäuste und schrien einander ihre gegensätzlichen Ansichten entgegen und wollten eben handgemein werden, als der Weise zwischen sie trat und einen der beiden aufforderte, seine Sicht der strittigen Sache darzulegen. Das geschah, und der Weise sagte: »Du hast recht.« Dann durfte auch der andere seine Sache vortragen, und wieder sagte der Weise: »Du hast recht.«

Einer der Umstehenden sagte: »Aber sie können doch nicht beide recht haben.«

»Du hast recht«, sagte der Weise und ging weiter.

Für ein zielstrebiges Leben müssen Sie den Idealisten und den Realisten in sich kennen; Sie müssen wissen, dass Sie zu manchen Fragen eine idealistische und zu anderen eine realistische Haltung einnehmen. Deshalb sind wir in manchen Dingen unterschiedlicher Meinung, aber es kommt darauf an zu sehen, dass Ihre Betrachtungsweise so notwendig ist wie meine. Wären wir in allem einer Meinung, dann würde ja einer von uns beiden genügen. Wenn wir die Anschauung des jeweils anderen gelten lassen können, sind wir einander Ausgleich und Korrektiv und arbeiten in Wirklichkeit Hand in Hand auf unsere Ideale in dieser realen Welt hin.

Was bedeutet das für Sie persönlich?

Wir lesen und hören, dass es falsch ist zu urteilen, und so verurteilen wir uns selbst, wenn wir doch über andere urteilen. Anstatt also unterlassen zu wollen, was wir dann doch tun, wäre es vielleicht besser, das mitfühlende Urteilen zu üben. Wir sind hier, um nach unseren Idealen zu streben, nicht um sie anderen aufzudrängen.

Notieren Sie drei Beurteilungen von Leuten oder Situationen, mit denen Sie Schwierigkeiten haben (zum Beispiel wie diese Leute Auto fahren; oder irgendwelche Verhaltensweisen, die Sie für falsch halten).

Jetzt überlegen Sie genau, inwiefern diese Beurteilungen auch auf Sie zutreffen könnten. (Was wir lieben oder hassen, haben wir so gut wie ausnahmslos auch in uns selbst.)

Ich habe viele schlechte Angewohnheiten. Wie kann ich meine Lebensweise verbessern?

Im Einfachen liegt die Kraft

Ein klein wenig von irgendetwas ist weitaus besser als eine Menge Gar-nichts. Die größte Aufgabe, in kleine Schritte eingeteilt, ist zu bewältigen. Die Chinesen erzählen von einem Mann, der einen Berg versetzte – mit Geduld und einem Löffel! Genauso können wir Stein für Stein einen Palast erbauen und Schritt für Schritt jeden Weg zurücklegen. Die Devise lautet demnach: Teile und herrsche! Ohne schlichte Geduld verlaufen heroische Projekte schnell im Sande. Mit stetigen kleinen einfachen Aktionen jedoch können mit der Zeit auch große Träume Wirklichkeit werden.

Frage *Sie haben sicher schon einmal gehört: »Du wirst, was du denkst«, oder »Worauf wir ausgerichtet sind, das ziehen wir an«. Viele Selbstverwirklichungslehrer haben das gesagt. Sehen Sie das auch so, und wäre es dann nicht wichtig, auf positives Denken zu achten?*

Antwort In der Hoffnung, unsere gemeinsamen Illusionen wenigstens zu durchlöchern, sage ich meinen Schülern immer wieder: Wir haben keine Chance, stets bei positiven Gedanken zu bleiben, weil wir das Aufsteigen von Gedanken und Gefühlen nicht direkt steuern können. Wenn ich vor einer Gruppe frage, wer schon Bücher über positives Denken gelesen hat, melden sich immer viele. Aber wenn ich dann sage, dass alle die Hände oben behalten sollen, die in der letzten Woche ausschließlich positive Gedanken hatten, verschwinden sämtliche Hände.

H.L. Mencken schrieb: »Für jedes komplexe Problem gibt es eine Patentlösung, die nicht funktioniert.« Wenn wir an unserem Innenleben arbeiten und mit subtilen, hochdifferenzierten Methoden unsere Überzeugungen zu ändern, unsere Gefühle in Ordnung zu bringen, Selbstvertrauen zu gewinnen, Selbstzweifel loszuwerden, den Geist still zu machen, positiv zu denken oder Erwünschtes anzuziehen versuchen, dann bleiben das »Patentlösungen, die nicht funktionieren«, solange wir nicht auch *handeln*. Beim Visualisieren von Pampelmusen wird niemand zur Zitrusfrucht; wenn ich mich auf Geld sammle, sammelt sich dabei kein Geld an, es sei denn, ich bin so emsig tätig, wie ich mich sammle. Wie viele von denen, die positive Ergebnisse visualisieren und sich subliminale Tonbänder anhören oder bis zum Schweißausbruch Affirmationen rezitieren, erzielen tatsächlich die erwünschten Resultate? Sie kennen vielleicht die Geschichte von dem Mann, der ständig mit den Fingern schnalzte. Auf die Frage, weshalb er das tue, antwortete er: »Na, um die Elefanten fernzuhal-

> Der Anfang aller großen Dinge ist klein.
> CICERO

ten natürlich.« Man machte ihn darauf aufmerksam, dass es weit und breit keine Elefanten gebe. Seine Antwort: »Da seht ihr mal, wie gut das wirkt.« Mit dieser Logik bleiben wir bei den subtilen, aber unwirksamen Lösungsversuchen – bis wir endlich die Ärmel aufkrempeln.

Ich habe eine ganz schlichte Philosophie: Mach voll, was leer ist, mach leer, was voll ist, und kratz dich, wo es juckt.
ALICE ROOSEVELT LONGWORTH

In der realen Welt ist es ja so, dass die produktivsten, erfolgreichsten und zufriedensten Menschen sich nicht auf das Verarzten von Gefühlen oder die Manipulation des Denkens verlegen, sondern sich einfach ansehen, was zu tun ist, um es dann unabhängig von auftretenden Gedanken und Gefühlen zu tun. Dazu müssen wir unsere Gedanken und Gefühle jedoch nicht unterdrücken, ignorieren, leugnen oder abwerten. Ich würde eher sagen, dass ich sie wie meine Kinder behandle: Ich schätze und achte sie, ich höre ihnen zu, lerne aus ihnen – *aber ich überlasse ihnen nicht die Haushaltsführung.* Ich räume ihnen keine Gewalt über mein Tun und Lassen ein.

Die Natur ist von schlichtem, einfachem Wesen.
LAOZI

Im Einfachen liegt Kraft. Das einfachste, direkteste und erfolgversprechendste Vorgehen besteht darin, dass wir alles im Leben auf konstruktives, positives Handeln abstellen. Wenn ich »einfach« sage, meine ich damit nicht, dass es leicht sei. Die von vielen Motivationstrainern dargestellten Techniken wirken dagegen faszinierend leicht, erweisen sich jedoch als komplex und kaum umsetzbar. Und wenn wir dann dies oder das ausprobieren – Visualisationen, subliminale Suggestionen, Selbsthypnose, positives Denken, Affirmationen, Programmierungen, intensive Wunsch- und Zielvergegenwärtigung – und die erwünschten Resultate ausbleiben, sagen wir uns, dass wir wohl nicht genug oder nicht richtig geübt haben. Und nach einiger Zeit wechseln wir zur nächsten »Bewusstseinstechnik«. Diese Versuche, unser Innenleben zu reparieren oder zu perfektionieren, leiten uns in ein endloses Labyrinth, in dem wir jahrelang immer wieder Neues entdecken können. Doch wohin führt das? Bei Rabindranath

Tagore lesen wir: »Wenn man das Meer überqueren möchte, genügt es nicht, das Wasser anzustarren.« Im Einfachen liegt Kraft. Und zielstrebiges Leben läuft auf dies hinaus: *Tu es einfach*. Könnte etwas noch einfacher sein?

Frage *Ich bin Musikstudent, auf Geige spezialisiert, und suche nach etwas, womit ich in meiner Musik wie im Leben Spannungen und Leistungsängste abbauen kann. Meditation, Yoga, Körperarbeit, Kampfkünste – all das interessiert mich, aber wie finde ich jetzt heraus, was sich am besten für mein Musikerleben und mein Ziel körperlicher und geistiger Freiheit eignet? Können Sie mir etwas raten?*

Nichts ist so stark und so sicher wie die schlichte Wahrheit.
CHARLES DICKENS

Antwort Wenn man zwischen Übungsformen, Lehrern, Pfaden, Büchern oder anderen Dingen zu wählen hat, spielt neben Ihren Wertvorstellungen, Interessen, Begabungen und Vorhaben die Intuition eine Rolle, um das für Sie am besten Geeignete zu finden. Den einfachsten und praktikabelsten Zugang bieten Ihr örtliches Telefonbuch und entsprechende Verzeichnisse, wie sie vielfach in Buchhandlungen oder Naturkostläden ausliegen. Schreiben Sie sich die Lehreinrichtungen für Yoga, Meditation, Körperarbeit und Kampfkünste heraus, die Sie von Zuhause aus ohne großen Aufwand erreichen können. Dann nehmen Sie an Probestunden teil, beobachten Sie, sprechen Sie mit den Schülern. Danach müssen Sie sich nicht mehr auf das Urteil anderer verlassen oder sich etwas ausdenken, sondern können auf der Basis eigener Erfahrung eine wohlinformierte Wahl treffen.

Aber es geht noch einfacher. Nehmen wir an, Sie fänden auf jedem der erwähnten Gebiete einen Lehrer, der Ihnen liegt. Würden Sie Ihre Zeit, Energie und Aufmerksamkeit dann wirklich auf etliche verschiedene Übungsformen aufteilen wollen? Wäre es nicht klüger, jede kurz und intensiv zu erforschen, um zu sehen, worum es da geht,

Alles sollte so einfach wie möglich sein – aber nicht einfacher.
ALBERT EINSTEIN

um das dann auf Ihre primäre Übungsform, das Geige-spielen, anzuwenden? Ähnlich dem Kampfkunstmeister Bruce Lee werden Sie dann nicht alles Mögliche aus den verschiedenen Formen zusammenzutragen versuchen, son-dern wenden einfach die allen Künsten gemeinsame Haus-ordnung an. Das, glaube ich, ist es, was Sie suchen.

Alle körperlichen Übungsformen haben so etwas wie einen gemeinsamen Kernbestand – Aufmerksamkeit, Be-wegung, Atem und Entspannung –, den man sich Schritt für Schritt durch Übung erarbeitet. Sie werden sehen, dass zwischen den Grundprinzipien des Yoga, der Meditation, der Entspannung und der Kampfkünste einerseits und dem Geigespielen andererseits ein Zusammenhang be-steht; Sie werden sehen, dass die Geige Ihnen die Essenz all dieser Künste vermitteln kann: In jeder spiegeln sich die übrigen, und hat man eine verstanden, versteht man sie alle. Vielleicht geht Ihnen sogar auf, dass Sie bereits wissen, was Sie in Erfahrung bringen wollten. Kommen Sie auf den Kern der Dinge; machen Sie das Komplexe einfach, und Sie werden alles, was Sie benötigen, schließ-lich beherrschen. Mein Lehrer Socrates hat einmal zu mir gesagt: »Musiker üben sich in der Musik, Dichter im Dich-ten, Sportler in ihrer Sportart – und friedvolle Krieger üben alles.« »Üben« Sie also jeden Augenblick, als spiel-ten Sie Ihr Instrument, und spielen Sie Geige, als übten Sie das Leben selbst.

Hüten Sie sich vor Zersplitterung. Finden Sie Ihre Aus-richtung, und bleiben Sie dann möglichst einfach. In der Musik gilt wie in den Kampfkünsten, dass weniger mehr sein kann. Zielstrebiges Leben fordert schlanke Effektivi-tät und den ökonomischen Einsatz aller Kräfte, so dass wir die gesteckten Ziele mit möglichst geringem Zeit- und Kraftaufwand erreichen. Sie brauchen Ihr Leben nicht Ihrer Kunst zu widmen; widmen Sie lieber Ihre Kunst Ihrem Leben.

Je mehr wir sagen, desto weniger behalten die Leute.
ANONYM

Die Lektion ist einfach; der Schüler ist kompliziert.
BARBARA RASP

Da Sie Ihr Problem als körperliche Verspannung und Leistungsangst beschreiben und sich körperliche und geistige Freiheit wünschen – wie wäre es, wenn Sie Ihre Kunst, das Geigespiel, sowohl zum Mittel als auch zum Zweck machten? Bei der Auseinandersetzung mit Ihren inneren Dämonen kann die Geige Ihre Meditation, Ihr Yoga und Ihre Kampfkunst sein. Fragen Sie sich immer wieder mal: »Bin ich jetzt entspannt? Atme ich tief und gleichmäßig? Bewege ich mich in diesem Augenblick mit Aufmerksamkeit, Raffinesse und Eleganz?« So üben Sie das zielstrebige Leben.

> Tugend ist wie ein einfacher Stein, die schlichteste Fassung ist die beste.
> FRANCIS BACON

Was bedeutet das für Sie persönlich?

In vielen Dingen wenden wir allzu viel Zeit und Energie auf und machen das Leben unnötig kompliziert; wir mischen uns in die Belange anderer ein, spielen Gott, lassen uns auf Vorhaben oder Kontakte ein, die wir eigentlich gar nicht wollen, geben Versprechen und halsen uns immer mehr Geschäftigkeit auf, die eigentlich Leerlauf ist.

Doch unser Nein zu Überflüssigem ist ein Ja zu dem, was wirklich zählt in unserem Leben, und wir verzetteln uns dann nicht mehr mit Nebensächlichem, sondern widmen unsere Zeit den Dingen, die wir als wirklich sinnvoll ansehen. Ein Weiser hat einmal gesagt: »Was ich heute tue, ist wichtig; schließlich gebe ich ja einen Tag meines Lebens dafür.«

Einfachheit heißt aber nicht, dass wir uns um wesentliche Verpflichtungen zu drücken versuchen; wir meiden vielmehr einfach das unnötig Komplizierte, wir nehmen das Leben in kleineren Portionen, sondern das Vorrangige vom Nebensächlichen, behalten unsere Ausrichtung klar vor Augen. Ein arabisches Sprichwort lautet: »Wenn du Wasser suchst, hat es keinen Sinn, an vielen verschiedenen Stellen ein wenig zu scharren. Du musst vielmehr an *einer* Stelle tief genug graben.«

Notieren Sie Ihre täglich anfallenden Aufgaben.

Schreiben Sie Ihre weiteren Aktivitäten auf, in denen Sie Ihre Aufmerksamkeit, Zeit und Energie verzetteln.

Formulieren Sie drei praktische Ansätze zur Vereinfachung Ihres Lebens, mit denen Sie heute oder diese Woche oder in diesem Jahr anfangen könnten.

*Weshalb ist das
Leben manchmal
so schwierig?*

Das Leben bringt das hervor,
was es benötigt

Auf dem Weg zu unserem Ziel treffen wir auf Hindernisse und Herausforderungen. Jeder Weg hat seine Hürden, und jede überwundene Hürde macht uns stärker. Vor jeder Veränderung zum Besseren steht eine Zeit der Unannehmlichkeiten, während wir mühsam die nächsthöhere Ebene zu erreichen versuchen. Hindernisse und Unannehmlichkeiten scheiden echte Entschlossenheit von bloßem Wunschdenken und machen aus Träumern Handelnde. Die Geschenke des Lebens kommen in einer Verpackung aus Schwierigkeiten und Anforderungen daher, und die Verpackung müssen wir öffnen, wenn es uns wirklich um den Inhalt – Weisheit und Erfüllung – zu tun ist. Der Weg zu lohnenden Zielen ist meistens schwierig – bis er einfach wird.

Frage Vor etwa fünf Jahren habe ich – um recht zu handeln – meine schwangere Freundin geheiratet. Zwei Jahre danach kam die Scheidung. Sie ließ unseren Sohn bei mir und machte sich davon. Ich liebe meinen Sohn, aber im Grunde möchte ich nicht Vater sein. Ich fühle mich elend und bin ganz durcheinander. Ich versuche meine Gefühle nicht weiter zu beachten, aber das wird immer schwieriger. Die Möglichkeit, meinen Sohn zu seiner Mutter zu schicken, besteht nicht. In dieser Lage weiß ich nicht, wie ich glücklich sein soll. Was ist zu tun?

Antwort Vielleicht war Ihr Vater nicht gerade ein gutes Rollenvorbild, vielleicht zweifeln Sie daran, ein guter Vater sein zu können. (Und welcher Vater zweifelte daran nicht manchmal?) Nicht viele allein erziehende Eltern sind wirklich glücklich mit dieser Rolle. Aber in einem zielstrebigen Leben geht es nicht so sehr um Ihre Gefühle als vielmehr um Ihr Handeln. Halten Sie sich an George Bernard Shaws Worte: »Kümmere dich nicht um deine Vorlieben und Abneigungen – sie sind belanglos. Tu nur einfach, was zu tun ist. Das ist vielleicht nicht Glück, aber es ist Größe.« Ob Sie gern Vater sind oder nicht, spielt überhaupt keine Rolle. Ob Sie es wollten oder nicht, das Leben hat Ihnen einen Sohn anvertraut. Kümmern Sie sich um ihn, und Sie widmen sich einer der wichtigsten, kreativsten und anspruchsvollsten spirituellen Übungen, die das Leben zu bieten hat.

Wenn Sie vor allem ein Leben möchten, das »easy« und »happy« ist, dann heiraten Sie nicht und zeugen Sie keine Kinder: Übernehmen Sie keine großen Verantwortungen. Leben Sie kostengünstig, arbeiten Sie wenig, dann können Sie tun, was Sie wollen und wann Sie es wollen. Ich habe einmal so gelebt; ich hatte reichlich »persönlichen Freiraum« – Zeit zum Rumhängen, Fernsehen und Spielen. Ich fing in dieser Zeit aber auch an, mich zu fragen, worum es in meinem Leben gehen solle, und dabei stieß ich auf ein Cartoon, das eine schmerzhaft deutliche Antwort auf die Frage nach verpassten Gelegenheiten gab. Zu sehen war ein Mann, der vornübergebeugt, die Stirn auf die Fäuste gestützt, in einem dunklen Raum sitzt. Unter dem Bild stand: *Nicht zu fassen – ich habe vergessen, Kinder zu zeugen.*

Nicht jeder entscheidet sich für Ehe und Kinder. Manche wünschen sich beides, möchten aber einen günstigeren Zeitpunkt abwarten. Tja, Kinder kümmern sich nicht groß um das, was wir »günstig« finden; sie sind unbequem, und so funktioniert das Leben nun mal. Leben ist das, was tatsächlich passiert, während wir an unseren Plänen basteln. Sie mögen persönliche Zweifel hegen, aber Sie sind der Papa Ihres Sohns, ein unvergleichlich wichtiger Mensch in seinem Leben, ein Heiligtum – sein Zugang zur Gesellschaft, zu Sicherheit, Geborgenheit und Liebe. Je mehr Zeit und Aufmerksamkeit Sie ihm zuwenden – indem Sie ihm jeden Abend vorlesen, gehaltvolle Zeit mit ihm verbringen, ihm eine bessere Kindheit bieten, als Sie vielleicht hatten –, desto mehr wird er unter Ihrer Fürsorge und Anleitung aufblühen. Und *Sie* werden es auch. Es ist nicht so, dass reife Erwachsene Kinder machen; Kinder machen Erwachsene reif.

Sie sind nicht das Opfer der Umstände, Sie haben Entscheidungsmöglichkeiten. Vielleicht finden Sie Verwandte, die ein wenig helfen können, oder Sie geben ihn zur Adoption frei, so dass er in der Geborgenheit einer Familie aufwachsen kann, der er wirklich etwas bedeutet. Oder Sie entscheiden sich eben dafür, Ihren Sohn trotz aller damit verbundenen Schwierigkeiten selbst großzuziehen. Schöpfen Sie aus dem Besten in sich, während Sie über die Möglichkeiten nachdenken. Vergessen Sie nicht: Das Leben bringt das hervor, was es benötigt. Der steilste Pfad macht den stärksten Krieger. Bitten

---

Durch widrige Umstände finden wir Stärke, durch Krankheit erkennen wir den Wert der Gesundheit, durch das Böse den Wert des Guten, durch Hunger den Wert der Nahrung, durch Anstrengung den Wert des Ausruhens.
GRIECHISCHES SPRICHWORT

Sie nicht um Erleichterung der Last, sondern um stärkere Schultern.

Und wenn Sie Ihren Sohn bei sich behalten, dann denken Sie daran, dass Sie ihn nur für kurze Zeit haben. Mit der Pubertät wird er immer mehr seine eigene Welt entdecken und sich ein wenig von Ihnen zurückziehen; dann werden die Gleichaltrigen seine Vertrauten sein, und Ihr Leben ändert sich abermals. Vielleicht blicken Sie dann zurück und fragen sich kopfschüttelnd, wie Sie auch nur einen Augenblick daran denken konnten, ihn anderen zu überlassen. Als Vater möchte ich Ihnen sagen: Die Jahre vergehen so schnell. Freuen Sie sich an ihnen, solange es geht.

> Herr, ich bitte nicht um geringere Last, sondern um stärkere Schultern.
> AUGUSTINUS

Frage *Bei mir wurde eine Aufmerksamkeitsstörung diagnostiziert. Sie wirkt sich auf mein gesamtes Leben aus. Ich fange mit diesem und jenem an, werde aber nie mit irgendetwas fertig. Das ist so frustrierend, und es gibt doch so vieles, was ich gern erreichen würde. Ich wäre gern aufmerksamer, aber ich bin mir nicht sicher, ob die Medizin hier weiterhelfen kann. Können Sie dazu etwas sagen?*

> Wenn es bergauf geht, bist du wahrscheinlich auf dem richtigen Weg.
> ANONYM

Antwort Solange wir nicht Erleuchtete sind, haben wir alle Aufmerksamkeitsstörungen. Wir haben mal mehr, mal weniger Konzentrationsvermögen, und das kann von Augenblick zu Augenblick wechseln. Das Leben *ist* jedoch eine Folge von Augenblicken, und wir müssen nie auf mehr als einen Augenblick gleichzeitig achten. Ob Sie eine Reise machen, ein Buch lesen oder ein Bücherregal bauen und ob Sie Ihr Ziel mit kleinen oder großen Schritten erreichen, ist unerheblich, solange Sie nur dranbleiben, bis Sie erreicht haben, was Sie wollten.

Eine Einschränkung kann eine Stärke werden. Koichi Tohei beispielsweise litt als Kind an schwerem Asthma und wurde trotzdem ein Meister des Aikido. Er reiste jahrelang in der Welt umher, hielt Vorträge über Energie und gab Demonstrationen seiner unglaublichen Atemkontrolle. Ich war einmal zugegen, als er tief einatmete, dann fast zwei Minuten lang ins Mikrophon ausatmete und auch noch mit einem Schrei endete. Koichi Tohei kletterte aus seinem Loch und den Berg hinauf bis zum Gipfel. Es gibt viele Geschichten dieser Art, wenn sie auch nicht alle so deutlich von der Öffentlichkeit wahrgenommen werden. Auch Ihr Leben kann solch eine inspirierende Geschichte werden.

Mitten im Winter fand ich in mir unzerstörbaren Sommer.
ALBERT CAMUS

Schlüpfende Küken entwickeln ihre Kräfte dadurch, dass sie unentwegt auf die Eischale einpicken und sich schließlich mühsam herauszwängen; wenn man ihnen diese Arbeit abnimmt, sterben sie in der Regel. Wenn eine Giraffe geboren wird, fällt sie beinahe drei Meter tief auf die Erde und landet meist auf dem Rücken. Dann rollt sie sich auf den Bauch und schlägt die Beine unter. Jetzt stößt die Muttergiraffe nach ihrem Jungen, dass es nur so kullert. Es rafft sich abermals auf, bis es endlich auf die Beine kommt, und sofort stößt die Mutter es wieder um. Das geht so einige Zeit weiter, bis das Kalb auf wackligen Beinchen stehen kann und gelernt hat, sich nach dem Stoß der Mutter schnell genug wieder aufzuraffen. In der Wildnis ist dieses schnelle Aufstehen sehr wichtig, damit die Jungtiere immer in der Herde bleiben. Die »Misshandlung« durch die Mutter macht das Neugeborene stark und sichert sein Überleben.

Eine gewisse Opposition ist eine große Hilfe. Drachen lässt man gegen den Wind steigen und nicht mit ihm.
JOHN NEAL

Ob unsere Herausforderungen uns zum Fluch oder zum Segen gereichen, hängt davon ab, wie wir mit ihnen umgehen. Manchmal hat man einfach schlechte Karten und muss sie nur gut ausspielen. Und es gibt ja schlechtere Karten als unsere. Sie haben vielleicht schon einmal diesen Satz gehört: »Ich weinte, weil ich keine Schuhe hatte, bis ich einen Mann ohne Füße sah.« Ich kenne einen Mann, dem beide Arme fehlen, und der mit seinen Füßen wunderbare Landschaftsbilder malt; ein Freund, dessen Beine seit seiner Kinderlähmung dünn und kraftlos sind, ist Ringturner geworden und hat es bis zum Landesmeister gebracht. Machen Sie es also so gut, wie Sie können – und dann besser. Das Gehen ist Ihnen auch nicht von Anfang an leicht gefallen, und schauen Sie, wie weit Sie es gebracht haben. Ihre Muttersprache war einst eine Fremdsprache, und wie schnell ist sie Ihnen zur zweiten Natur geworden. Alles ist schwierig, bis es dann einfach wird. Widriges Schicksal gibt der Seele die richtige geschmeidige Festigkeit. Danke für Ihre Aufmerksamkeit.

Stürme lassen die Bäume tief wurzeln.
GEORGE HERBERT

Was bedeutet das für Sie persönlich?

Körperkraft kann man durch Gewichtheben trainieren. Ein gutes Rezept für die Entwicklung spiritueller Stärke besteht darin, sich Herausforderungen zu stellen. Die Ziele, die wir uns als Eltern, auf den Gebieten Beruf, Sport und Fitness oder auch bei Hobbys und anderen Aktivitäten setzen, sind das, wodurch wir uns entwickeln und woran wir lernen. Sind die Gewichte zu leicht, wird der Trainingseffekt gering sein; unter zu schweren Gewichten werden wir mürbe. Hier wie überall kommt es auf die Ausgewogenheit an. Anforderungen des richtigen Schwierigkeitsgrades führen zu ausgewogenem Wachstum.

Notieren Sie fünf Herausforderungen in beliebigen Lebensbereichen, vor die Sie gestellt wurden oder die Sie sich selbst geschaffen haben.

Welche Eigenschaften oder Stärken haben Sie dabei entwickelt?

Gibt oder gab es in Ihrem Leben überhaupt eine Schwierigkeit oder Anforderung, an der sich nicht Ihr Charakter, Ihre Stärke, Ihre Weisheit entwickelt hätte?

Was für Herausforderungen und Wachstumschancen könnten vor Ihnen liegen?

Ich habe eine wichtige Entscheidung zu fällen. Wie finde ich heraus, was am besten ist?

Jede Entscheidung vertieft die Weisheit

Das Leben ist eine Folge von Entscheidungen. Ob wir kurzfristig oder weit vorausschauend entscheiden, immer ist es auch eine Frage des Nutzens und der Kosten. Frühere Entscheidungen haben uns zu dem gemacht, was wir jetzt sind. Unsere heutigen Entscheidungen werden die Zukunft gestalten. Wenn wir eine Wahl zwischen zwei Dingen zu treffen haben, kann es durchaus vernünftig sein, sich für beides zu entscheiden – wenn auch nicht unbedingt zum gleichen Zeitpunkt. Manche Entscheidung ist nach landläufiger Auffassung eine »schlechte Wahl«. Doch von einer höheren Warte aus betrachtet, gibt es keine falschen Entscheidungen, nur unterschiedliche Lektionen.

Frage *Ich bin einigermaßen intelligent, schlage mich aber mein Leben lang mit meiner Entscheidungsschwäche herum: mit wem gehen, welches College, welcher Kerl, wie viele Kinder ...? Und die Entscheidungen, die ich für meine Kinder zu treffen habe, fallen mir ganz besonders schwer. Was kann ich tun, um leichter zu Entscheidungen zu finden?*

Antwort Es steht nirgendwo geschrieben, dass Entscheidungen leicht sein müssen. Jede Entscheidung verlangt ein Zusammenspiel von Verstand, Intuition und Instinkt. Und je wichtiger die Entscheidung, desto schwieriger wirkt sie. Weshalb ist das so? Weil der Eindruck von Wichtigkeit uns eine Fehlentscheidung und ihre Folgen als besonders bedrohlich erscheinen lässt. Wenn es zwischen zwei Sorten Frühstücksmüsli zu wählen gilt, werden Sie sich wohl kaum lange herumquälen, da Sie wissen, dass die falsche Wahl den Himmel nicht einstürzen lassen wird. Aber das falsche College, der falsche Schatz, der falsche Job – lauert da vielleicht die Katastrophe? Wie soll man das wissen? Gläubiges Vertrauen würde uns sagen, dass jede Entscheidung uns zum Besten ausschlagen und unsere Einsicht vertiefen kann – weil wir an ihr lernen.

Haben Sie sich je gefragt, was wäre, wenn Sie in der Vergangenheit andere Entscheidungen getroffen hätten – wenn Sie links statt rechts abgebogen wären oder ja statt nein gesagt hätten? Manche Dinge hätten sich dann vielleicht günstiger entwickelt, andere weniger günstig. Das kann man nicht wissen. Am Ende gilt, was H. L. Mencken gesagt hat: »Wir sind hier, und es ist jetzt; alles darüber hinausgehende Wissen ist Hirngespinst.« Sie haben dieses Leben, diesen Weg und diesen Augenblick gewählt. Sind wir hier, um das unfehlbar treffsichere Entscheiden zu lernen, damit alles immer genau so wird, wie wir hoffen oder erwarten? Oder ist es ein endloser Lernprozess, geht es um

> Es gibt in dieser Welt nur zwei Dinge, die wir müssen: Wir müssen sterben, und wir müssen bis dahin leben. Alles übrige denken wir uns selber aus.
> ANONYM

Entdeckungen, um das Gewinnen von Weisheit? Was ist überhaupt eine falsche Entscheidung? Wenn Sie nach links statt nach rechts abbiegen und in arge Bedrängnis geraten – ist dann sonnenklar, dass Sie falsch entschieden haben? Ist der leichteste Weg immer der beste? Solche Fragen sollte man sich vielleicht einmal durch den Kopf gehen lassen, und nicht in der Hoffnung auf Gewissheit, sondern weil sie auf das Unerklärliche hindeuten.

Es gibt keine falschen Entscheidungen, nur solche, die wir bereuen. Wie in der Geschichte von den drei Lehrern, die gerade im Lehrerzimmer sitzen, als ein Engel erscheint und zum ältesten sagt: »Du hast dein Leben den jungen Leuten und der Bereicherung ihres Lebens geweiht, du verdienst eine Belohnung. Du hast einen Wunsch frei: Wähle zwischen großem Reichtum, großer Weisheit und großer Schönheit.«

> Wenn du zu tun beschließt, was du wirklich gern tun möchtest – von dem Augenblick an ist es ein anderes Leben.
> BUCKMINSTER FULLER

»Ich wähle große Weisheit«, sagt der Angesprochene und erstrahlt, als der Engel verschwunden ist, von einem inneren Leuchten.

Die anderen Lehrer bestürmen ihn: »Sag doch was!«

In den Augen das Licht eines tiefen Wissens, antwortet der alte Lehrer: »Ich hätte das Geld nehmen sollen.«

> Lenke dein Leben selbst, oder andere werden es tun.
> HERMAN MILLMAN

Es gibt nur immer wieder dieses »hätte sollen«, aber im Grunde keine falschen Entscheidungen. Jede Entscheidung führt auf irgendeinen Wegabschnitt, jeder Wegabschnitt bietet Lernstoff, und alles Lernen erzeugt Wissen und Weisheit. Ich kann Ihnen also keine Techniken nennen, nach denen Sie die »richtigen« Entscheidungen fällen können. Aber ich möchte Ihnen sagen, dass jede Ihrer Entscheidungen für Sie zum jeweiligen Zeitpunkt genau richtig ist. Ihre Entscheidungen spielen auch in das Leben Ihrer Kinder und anderer Menschen hinein, und all das gehört zu Ihrer Schulung. Wissen Sie, was letztlich das Beste ist? Sie wissen es nicht! Es scheint demnach aus pragmatischen Gründen ratsam, dem Unergründlichen Raum zu geben und darauf zu bauen, dass *jede* Entscheidung zu mehr Lebensweisheit führt.

Frage *Bei Schamanen und Medizinmännern gibt es schon immer den Gebrauch psychotroper Pflanzen. Mein Weg scheint mich in diese Richtung zu führen. Ich glaube, dass ich durch die Zauberpflanzen besser mit anderen und mit dem Geist in Verbindung treten kann. Leider handelt es sich um verbotene Drogen. Glauben Sie, dass bestimmte Drogen einen Stellenwert im Rahmen der spirituellen Praxis haben können?*

Antwort Ich kann niemandem raten, gegen das Gesetz zu verstoßen. Wenn wir irgendein Gesetz brechen, das uns nicht passt, warum dann nicht auch andere? Missachtung des Gesetzes führt in die Anarchie, und das wäre ein Rückschritt in der sozialen Evolution. Ziviler Ungehorsam, wie er von Emerson, Gandhi, King und anderen befürwortet wurde, ist eine durch unser Rechtsbewusstsein und Gewissen bedingte Auflehnung gegen ein Gesetz, bei der wir die Folgen bewusst auf uns nehmen, ja diese Folgen direkt provozieren, um das Gesetz zur Diskussion zu stellen – und das ist etwas ganz anderes, als einfach unseren Kopf durchsetzen und auch noch ungeschoren davonkommen zu wollen.

Auch legale oder auf Rezept erhältliche Drogen werden von manchen missbraucht. Deshalb kommt es auf meine Meinung zum Stellenwert psychotroper und anderer Drogen in der spirituellen Praxis offenbar nicht an, denn es geht da letztlich um persönliche Entscheidungen. Das Leben ist eine Folge von Entscheidungen. Und wofür Sie sich auch in bezug auf Drogen oder Sex oder Ernährung oder Ihren Wohnort oder Ihre Arbeit entscheiden mögen, ob Sie Verbrecher oder Geistlicher oder Topmanager zu werden beschließen – jede Entscheidung mündet in Lebenslektionen und generiert mehr Bewusstheit und Wis-

Du hast nicht zu entscheiden, wie oder wann du sterben wirst. Du hast nur zu entscheiden, wie du lebst.
JOAN BAEZ

sen. Mal ist der Weg mit Rosen bestreut, mal ist er dornig. Ich kann Ihnen nicht sagen, wie Sie sich entscheiden sollen. Aber ich habe meine eigene Wahl getroffen und benutze keine Drogen.

> Mit Wagemut kann man jede Sache in Angriff nehmen, doch niemand vermag alles zu tun. Man muss eine Wahl treffen.
> NAPOLEON I.

Wenn Menschen körperlich oder seelisch krank werden, ist es ja häufig so, dass sie die Symptome mit irgendwelchen Mitteln beseitigen möchten, ohne sich groß mit den Ursachen der Erkrankung auseinandersetzen zu müssen. Sie möchten zu genau der Lebensweise zurückkehren, die Ursache ihrer Krankheit war. Andere versuchen den Weg zum spirituellen Erwachen mit Substanzen dieser oder jener Art abzukürzen. Da kann es zu tiefen Erfahrungen kommen, und im Handumdrehen wird man zum Anbeter dieser Substanz – ohne jedoch tatsächlich zuinnerst gewandelt zu sein. Ich habe Verständnis für den Drang, andere Bewusstseinszustände zu erkunden. Aber solche Zustände sind auch durch Einsicht, Überlegung und beharrliches Üben zu erreichen, durch die allmähliche Entwicklung neuer Bewusstseinsformen, die dann dauerhaft sind und unser gesamtes Leben erfassen.

In spirituellen Kulturen wurden und werden psychotrope Substanzen nur bei ganz bestimmten Anlässen verwendet. Wiederholte oder zur Gewohnheit werdende Trips finde ich bedenklich, weil der in unserer Gesellschaft üblich gewordene beiläufige Drogengebrauch und unverbindliche Sex das Gefühl für das Heilige in uns betäubt.

> Kommst du unterwegs an einen Scheideweg – schlag ihn ein.
> YOGI BERRA

Viele Wege führen zum spirituellen Erwachen. Jeder muss seinen eigenen Kurs abstecken, doch seien Sie gewarnt: Manche Wege sind schwieriger und länger und voller Illusionen; manche Lektionen sind schmerzhafter als andere. Jede Entscheidung hat Vorteile und Nachteile, doch alle führen schließlich zu vertieftem Wissen. Nehmen Sie das zu Ihrer Beruhigung, aber halten Sie die Augen offen und Ihre fünf Sinne beisammen.

Was bedeutet das für Sie persönlich?

Solange wir unser Leben nicht ganz dem »Autopiloten« überlassen haben, treffen wir jeden Tag Entscheidungen. Über die kleinen denken wir kaum nach, während die größeren uns sehr beschäftigen. Jede Entscheidung führt uns irgendwohin, und da erwarten uns Lektionen. Das kann zum Beispiel das Gebiet unseres Selbstwertgefühls sein. Bevor wir eine Wahl treffen, sollten wir uns fragen: »Wie viel steht mir zu? Und wie gut komme ich damit zurecht?«

Notieren Sie zwei große Entscheidungen, die Sie dahin gebracht haben, wo Sie jetzt sind.

Schreiben Sie zwei Entscheidungen auf, die Sie in absehbarer Zukunft treffen müssen.

Formulieren Sie für jede dieser beiden Entscheidungen eine Vorgehensweise, danach eine andere. Stellen Sie sich für jeden Fall vor, wo Sie nach einer Stunde, einer Woche, einem Monat, einem Jahr und nach zehn Jahren stehen und was Sie dann tun werden. Gibt Ihnen das eine Perspektive?

Können Sie sich zu dem Glauben durchringen, dass jede von Ihnen getroffene Entscheidung sich als genau richtig für Sie erweisen wird?

*Warum werden
meine Gebete
nicht erhört?*

Gott hilft denen, die sich selbst helfen

Gott kann nicht selbst eine Stradivari-Geige bauen, dazu braucht er Stradivari. Gott macht uns das Geschenk des Lebens, wir bestimmen, was wir damit anfangen. Das Leben ist ein Gemeinschaftsunternehmen mit Gott. Wir sind mitverantwortlich für unsere Schwierigkeiten und Freuden. Gott stellt den Spielplatz, wir wählen das Spiel. Gott schenkt uns ein Gesicht, wir geben ihm seinen wechselnden Ausdruck. Gott öffnet die Tür, hindurchgehen müssen wir selber. Gott erhört unsere Gebete nicht im Sinne unserer vordergründigen Wünsche, sondern gemäß dem, was wir im Tiefsten benötigen, was uns zum größten Segen gereicht und woraus wir am meisten lernen.

Frage *Mir gefällt, dass Sie besonderen Wert auf das Handeln legen, weil wir unser Tun leichter kontrollieren können als unsere Gedanken und Gefühle. Als Arzt muss ich aber auch an die gottgegebenen genetischen Faktoren des Verhaltens denken. Wer beispielsweise genetisch für Alkoholismus prädisponiert ist, wird sich schwerer beherrschen können als andere, die keine solche genetische Belastung haben. Wie passt das zu Ihren Anschauungen über die Beherrschung des eigenen Lebens?*

Antwort Genetische Faktoren erklären, weshalb manche Menschen größere Probleme mit Drogen- und Alkoholsucht haben als andere. Von unseren Genen, Hormonen und anderen Dingen gehen Einflüsse auf unser Verhalten aus, kein Zweifel. Aber solche Einflüsse bedingen eben nur Prädispositionen oder Tendenzen. An der Diskussion um die genetischen Faktoren des Verhaltens beunruhigt mich, dass manche hier eine Art wissenschaftliche Lossprechung zu erkennen und damit ein Anrecht auf ihre Sucht zu haben meinen. Aus »Der Teufel hat mich dazu verleitet« wird einfach »Meine Gene haben mich dazu verleitet«. Die Gene sind gottgegeben, aber der freie Wille ist es auch. Also beeinflussen die Gene zwar das Verhalten, aber sie nehmen uns weder die Kontrolle noch die Verantwortung aus der Hand.

Die Ich-Persönlichkeit ist durch allerlei Neigungen gekennzeichnet: faul sein oder zu viel arbeiten, in unserem Verhalten von Gefühlen geleitet sein, uns alles erlauben oder alles versagen, uns an Dinge klammern, das Augenmaß verlieren, allzu ernst sein. Wir neigen zu passivem oder aggressivem, lustlosem oder zwanghaftem Verhalten; wir haben den Hang, unüberlegt zu handeln oder vor lauter Überlegen nicht zum Handeln zu kommen; wir neigen zu selbstbezogenem, abwehrendem oder nachtragendem Verhalten.

> Wenn wir vor Gott hintreten, wird er uns fragen: »Wo sind eure Wunden?« Wir werden sagen: »Ich habe keine Wunden.« Und Gott wird fragen: »Gab es denn nichts, wofür es sich zu kämpfen lohnte?«
> REVEREND ALLAN BOESAK

An unseren Neigungen können wir nichts ändern, aber an unserem Verhalten. Ein wütender Mann wird vielleicht gewalttätige Impulse haben. Seine Impulse kann (und muss) er nicht unter Kontrolle haben, nur sein Verhalten. Weder Gene noch Gefühle nehmen uns die Kontrolle über unser Verhalten und die Verantwortung für unser Tun. Wer die Grenze zum dunklen Reich der Psychose überschritten hat, mag davon ausgenommen sein, aber ich persönlich halte vom juristischen Begriff der verminderten Zurechnungsfähigkeit so wenig wie von anderen Ausreden wie Gedächtnisverlust oder »Ich wusste nicht mehr, was ich tat«.

> Bete, als hinge alles von Gott ab, und wirke, als hinge alles von dir ab.
> KARDINAL FRANCIS SPELLMAN

Zur Selbstbeherrschung gehört, dass wir über unsere Neigungen und Eigenheiten, worin sie auch bestehen mögen, hinauswachsen. Ob wir also puritanisch oder hedonistisch ausgerichtet sind, eher Schmetterling oder eher Einzelgänger, ob wir zu Alkoholsucht, Nikotin oder aggressivem Verhalten neigen – wir können *doch* zielstrebig leben und handeln.

Die von uns gewählte Lebensweise kann die genetische Veranlagung zu Fettleibigkeit oder Herzerkrankungen verstärken oder kompensieren; unser Tun kann unser Leben verlängern oder verkürzen. Wenn zwei Menschen etwa eine genetische Veranlagung zu Herzkrankheiten haben, der eine sich jedoch fettarm ernährt und regelmäßig bewegt, wird er besser dran sein als der andere, der nicht für Bewegung sorgt und sich zu reichhaltig ernährt.

Verhaltensänderung setzt Einsicht und Ergebung voraus: Wir müssen über unsere Neigungen Bescheid wissen und unseren kleinen Willen zugunsten unseres höheren Wollens aufgeben. Anstatt also zu fragen: »Was wäre mir am liebsten?«, könnten wir auch fragen: »Was ist zum größten Nutzen aller Beteiligten?« Dann handeln wir in Übereinstimmung mit unserem höheren Wollen, und so fördern wir die volle Entwicklung des in uns Angelegten.

Wir brauchen keine Gewalt über unsere Gene, nur über unser Handeln, denn Gott hilft dem, der sich selbst hilft, der recht handelt und zielstrebig lebt.

Wind und Wellen sind immer im Bund mit dem besten Seemann.
EDWARD GIBBON

Frage *Ich will nichts weiter als eine Arbeit, die anständig bezahlt wird. Meinen letzten Job habe ich gekündigt, weil das Sklavenarbeit für sechs Dollar die Stunde war. Da geht es ums Prinzip. Ich würde lieber auf der Straße leben, als diesem Land als Sklave zu dienen. Wie komme ich da raus?*

Antwort Der Tonfall Ihres Briefs lässt mich vermuten, dass Sie sich als Opfer fühlen und verbittert sind. Das ist häufig so: Wenn man sich machtlos fühlt, ist man wütend. Aber fragen Sie sich einmal, ob Sie wirklich das machtlose Opfer einer gegen Sie verschworenen Gesellschaft sind. Und haben nicht auch reiche, gebildete Menschen in bevorzugter Stellung ihre finanziellen Sorgen, seelischen Nöte, ihre Beziehungs- und Gesundheitsprobleme?

Vor Jahren hatte ich auch eine längere finanzielle Durststrecke. Der Arbeitsmarkt gab für mich nichts her, und mein erster Roman war vergriffen und wurde nicht neu aufgelegt. Ich hatte eine Familie zu versorgen, also ging ich die Stellenanzeigen in der Zeitung durch, und so kam meine damals einzige vermarktungsfähige Qualifikation zum Einsatz – Maschineschreiben. Mein Arbeitsgebiet war Dateneingabe, und ich arbeitete dreizehn Stunden am Tag von morgens halb fünf bis abends um sechs. Dafür bekam ich sieben Dollar die Stunde. Das war keine Arbeit, die ich als interessant oder sinnvoll empfinden konnte, aber es war Arbeit. Ich weiß noch, wie mein Vater erzählte, dass die Menschen während der Weltwirtschaftskrise jede Arbeit annahmen, um irgendwie an ein paar Dollar zu kommen. Und auf meine Frage, wie befriedigend er seine eigene Arbeit gefunden habe, erwiderte er: »Das habe ich mich nie gefragt. Ich musste nur einfach

Was du bist, ist Gottes Geschenk an dich; was du wirst, ist dein Geschenk an Gott.
ANONYM

alles geben, um meine Familie zu ernähren.« Da habe ich auch einfach mein Bestes getan, nämlich das, was sich gerade bot – und blieb offen für eventuelle Chancen. Ich habe in dieser Zeit meine schriftstellerische Arbeit fortgesetzt. Wir lebten von der Hand in den Mund, von Monat zu Monat. Dann wurde *Der Pfad des friedvollen Kriegers* wieder aufgelegt, und damit wendete sich das Blatt: Was ich gesät hatte, begann jetzt Früchte zu tragen.

Meine Lage war Ihrer in mancher Hinsicht ähnlich, in anderer nicht. Die Frage lautet: Was sind Sie zu tun bereit, um Ihre Lebensumstände zu verbessern? Ihr Leben kann und wird sich ändern, wenn Sie die Verantwortung für Ihre bisherigen Ausbildungs-, Beziehungs- und Lebensentscheidungen übernehmen und das Notwendige zur Verbesserung Ihrer Lage unternehmen. Die Gesellschaft kann Sie daran nicht hindern. Gott hält Sie nicht zurück.

> Wir wenden uns zu Gott hin, wenn wir bis in die Grundfesten erschüttert sind, und dann erst merken wir, dass Gott selbst es ist, der sie erschüttert.
> HEBRÄISCHES SPRICHWORT

Ein Mann betete jeden Abend auf Knien zu Gott, er möge ihn in der Lotterie gewinnen lassen. Doch seine Gebete wurden nicht erhört. Er betete weiter und flehte den Herrn an: »Ich bin immer ein guter und frommer Mann gewesen. Ich bin ein liebevoller Ehemann und Vater. Könnte ich nicht dieses eine bekommen? Es würde mein Leben nach all den Jahren schwerer Arbeit soviel leichter machen.« Tagein, tagaus betete er so, bis eines Tages eine ärgerliche Donnerstimme vom Himmel herabtönte: »Könntest du mir nicht wenigstens ein bisschen entgegenkommen und dir ein Los kaufen?«

Gott hilft dem, der sich selbst hilft. Wir können die Ankunft unseres Schiffes erst erwarten, nachdem wir es ausgesandt haben. Tun Sie eine Arbeit, zu der Sie fähig sind, so gut wie möglich, bis Sie so weit sind, dass etwas Besseres kommen kann. Besuchen Sie die Abendschule, viele andere haben das auch geschafft. Steigen Sie aus Ihrem Loch und dann den Berg hinauf. Je entschlossener Sie sich einsetzen, desto höher kommen Sie und desto besser

> Wenn einer bereit und voller Tatendrang ist, packen die Götter mit an.
> ÄSCHYLUS

der Ausblick. Edison hat gesagt: »Die meisten versäumen ihre Chance, weil sie im Blaumann daherkommt und nach Arbeit aussieht.« Ich nehme an, dass Sie imstande sind zu arbeiten. Jetzt brauchen Sie ein Ziel, auf das Sie hinarbeiten können. Finden Sie dieses Ziel, geben Sie Ihrem Leben einen positiven Sinn – bauen Sie es Stein für Stein, Schritt für Schritt. Verwandeln Sie sich von einem Opfer in einen Sieger. Sie werden bei der Arbeit spüren, dass Gott in Ihnen arbeitet. Sie sind nicht allein.

Was bedeutet das für Sie persönlich?

Ich weiß nicht, was Gott oder der Heilige Geist Ihnen bedeutet, ob Sie ihn im Himmel ansiedeln oder glauben, dass er in Ihnen ist. Aber sie haben vielleicht bemerkt, dass sich Ihnen um so mehr Chancen bieten, je besser Sie sich vorbereiten und je zupackender Sie arbeiten. Um eine Ernte einzufahren, müssen Sie etwas gesät haben. Wie das Sprichwort sagt: »Gib dein Bestes, und Gott wird den Rest dazutun.«

Notieren Sie drei oder mehr Aktionen der letzten Tage, Wochen, Monate oder Jahre, mit denen Sie sich selbst zu helfen bemüht waren.

Wohin haben diese Aktionen Sie gebracht?

Notieren Sie drei Leistungen, auf die Sie besonders stolz sind.

Nehmen Sie eine davon, und führen Sie zwanzig Menschen auf, die Ihnen dabei geholfen haben. Das ist nicht schwierig, wenn Sie auch die nur mittelbar Beteiligten mitzählen: etwa Ihre Eltern, denen Sie Ihr Leben verdanken und von denen Sie großgezogen wurden, oder auch die vielleicht namenlosen Menschen, denen Sie die von Ihnen benutzten Werkzeuge und Hilfsmittel verdanken. Sie werden sehen, dass kein Mensch ganz allein etwas erreichen kann und dass Gott in vielerlei Gestalt erscheint, wenn man ihn braucht.

Notieren Sie Fälle, bei denen Sie sich an Gott gewandt und dem Universum anvertraut haben – in denen Sie bewusst um Hilfe baten.

Haben Sie je Hilfe erfahren, nachdem Sie das Ihre getan und gesät hatten?

172

Wem soll man vertrauen, wenn selbst die Experten uneins sind?

Wir alle erhalten Wegweisung von innen

Andere mögen Experten auf ihrem Gebiet sein,
Sie sind Experte für Ihren Körper und Ihr Leben.
Lehrer können Ihnen allenfalls Schlüssel zu Ihrer
eigenen Schatzkammer bieten. Sie wissen weitaus
mehr, als Sie gelernt, gehört oder gelesen haben,
denn Sie sind in Wirklichkeit mit allem verbunden.
Um den zu hören, der in Ihnen weiß, müssen Sie nur
still sein, den Blick nach innen wenden, fragen,
lauschen und vertrauen. Lange bevor Ihr Kopf
begreift, geben Instinkt und Intuition Anleitung.
Äußeres Wissen ist das Erwerben von Kenntnissen;
um an das innere Wissen, die Weisheit, heranzu-
kommen, müssen Sie loslassen von dem, was Sie zu
wissen glauben – und werden dann endlich verstehen.

Frage *In Ihrem ersten Buch erzählen Sie, wie Ihr Lehrer, Socrates, Ihnen bestimmte Nahrungsmittel und Verhaltensweisen abgewöhnte. Sollen wir einem Lehrer mehr vertrauen als unseren eigenen Instinkten?*

Antwort Als ich Socrates begegnete, war ich weder sehr bewusst noch sonderlich erfahren, und ich hatte wenig Anhaltspunkte, nach denen ich hätte beurteilen können, welche Ernährung für mich die beste ist. Was er mir auferlegte, sollte meine Instinkte nicht übertönen, sondern ergänzen: Ich sollte aus Erfahrung lernen. Woodrow Wilson hat als Präsident der Vereinigten Staaten einmal gesagt: »Ich setze nicht nur mein gesamtes eigenes Denk- und Urteilsvermögen ein, sondern auch fremdes, das ich mir ausleihen kann.« Wenn wir Tennis oder Schach erlernen wollen, können wir von einem erfahrenen Lehrer profitieren. Aber nur der Wissende *in* uns – unser Instinkt, unsere Intuition – weiß, wann wir einen echten Lehrer gefunden haben.

Lehrer können uns den Weg weisen, aber gehen müssen wir ihn selbst. Zu einem zielstrebigen Leben gehört demnach vor allem, dass wir unserem inneren Wegweiser trauen. Wenn wir nicht auf unser eigenes Herz vertrauen, auf unser tiefstes Verlangen, unsere Bestimmung, worauf wollen wir dann vertrauen? Gott regiert das Universum, aber hier auf der Erde ist jeder Kapitän seines eigenen Schiffes. Niemand kann den Kurs für uns bestimmen oder steuern. Wenn aber ein guter Navigator spricht, ist es vielleicht Gottes Flüstern, und wir tun gut daran, genau hinzuhören. Und das gilt wohl nicht nur für Fragen der Ernährung oder körperlichen Ertüchtigung, sondern für jedes Thema. Andere mögen Experten auf allen möglichen Gebieten sein, aber jeder von uns kennt sich mit seinem eigenen Körper aus.

Es ist aber gar nicht nötig, Ratschläge von außen und den eigenen Instinkt in Opposition zu bringen. Nutzen Sie

> Auf die Fragen deines Lebens bist du die Antwort. Für die Probleme deines Lebens bist du die Lösung.
> JO COUDERT

Die Macht des Instinkts wird dich alle deine Tage vor Schaden bewahren.
LAOZI

Der Menschengeist birgt, wie das Universum selbst, die Keime vieler Welten.
LOREN EISELEY

beide. Der Instinkt allein sagt mir vielleicht, dass mein Körper Hunger hat oder dass ich Eiweiß brauche, aber sagt er mir auch, ob ich Tofu oder ein Steak essen soll? Angenommen, ich hätte Verlangen nach Kohlehydraten; weiß ich dann instinktiv, ob ich Vollkornprodukte oder einen Schokoladeriegel zu mir nehmen soll? Wenn ich zu fasten beschließe, aber nach ein paar Stunden Hunger bekomme, soll ich dann essen? Wenn ich Sport treibe und mein Körper müde und lustlos wird, soll ich dann sofort aufhören?

Instinkt allein reicht nicht aus. Aber zusammen mit Intuition, Verstand und etwas praktischer Vernunft kann unser innerer Wegweiser ein Vertrauter, Freund und Verbündeter werden. Wie man auf diese Wahrheit stoßen kann, wollen wir am Beispiel eines großen Musikers betrachten. Niccolò Paganini, einer der größten Geiger aller Zeiten, sollte vor ausverkauftem Haus ein Konzert geben. Erst als er auf die Bühne trat und dort mit begeistertem Beifall begrüßt wurde, fiel ihm auf, dass er nicht seine eigene Geige in der Hand hatte, sondern ein völlig fremdes Instrument. Das war ein Schock, doch es blieb ihm jetzt keine andere Wahl, als auf dieser Geige zu spielen. Es wurde die wichtigste Darbietung seines Lebens. Nach dem Konzert, in der Künstlergarderobe, sprach Paganini mit den anderen Musikern. Dabei sagte er: »Heute habe ich die wichtigste Lektion meiner gesamten Laufbahn erhalten. Bis heute dachte ich, die Musik sei in der Geige; heute habe ich erfahren, dass die Musik in mir ist.«

Wir sind hier, um dem inneren Wegweiser, der Musik in uns, vertrauen zu lernen. »Dieses Vertrauen«, sagt Pema Chödrön, »wird dich so weit bringen, wie du nur je gehen kannst, und du wirst alles verstehen, was je gelehrt wurde.«

Frage *In meinem spirituellen Leben gab es bisher eine christlich-fundamentalistische Phase, ein Zwischenspiel in einer charismatischen Pentecostalbewegung und einen jü-*

dischen Abschnitt. In jüngster Zeit habe ich einen Studienkurs über Meditation gebucht. Was ich dort höre, sagt mir zu, aber als fundamentalistischer Christ hatte ich es einfacher, denn damals lebte ich in dem Glauben, ich wüsste, was richtig ist. Darf ich Ihre Ansichten dazu wissen?

Antwort Ich weiß nicht, ob Sie im fundamentalistischen Christentum aufgewachsen sind oder es nur ein »Phase« war; jedenfalls finde ich es gut, dass Sie über den Tellerrand einer religiösen Tradition hinaussehen konnten, um andere Ansätze zu erkunden. Es gehört schon Mut dazu, die tröstlichen Gewissheiten des Fundamentalismus hinter sich zu lassen, diesen Glauben, man wüsste, »was richtig ist«. Zwischen all den Religionen, Lehrern, Übungen und Betrachtungsweisen kann man durchaus die Übersicht verlieren, vor allem wenn man anfängt zu fragen, wer Recht hat und welche Religion die beste ist.

Es gibt nach meiner Erfahrung zwei Arten von Überzeugungen: bewusste und unbewusste. Unbewusste Überzeugungen halten wir gern für »die Wahrheit«, während wir bei bewussten Überzeugungen wissen, dass sie einfach nur unsere persönliche Haltung darstellen. Das ist keine spitzfindige Unterscheidung; zwischen diesen beiden Möglichkeiten liegt vielmehr ein gewaltiger Bewusstseinssprung. Was wir an Gewissheit einbüßen, gewinnen wir an Bewusstheit. Socrates sagte: »Meine ganze Autorität ruht einzig darauf, dass ich weiß, wie wenig ich weiß.« Solches Nichtwissen, Bescheidenheit angesichts des Unerklärlichen, macht unser Herz aufgeschlossen für das Göttliche in der Form, in der es uns begegnet. (Sollte ich je selbst eine Religion stiften, würde ich sie wohl »Die Gestern Geborene Kirche Zeitweiliger Klarheit« nennen.)

Manche Menschen halten blind an ihrem Kindheitsglauben fest. Andere werden spirituelle Vagabunden und benetzen ihre Füße an vielen Quellen, ohne sich je zu

---

Gib den Leuten nur den Schlüssel, sie bekommen ihre Schlösser dann schon selber auf.
ROBERT R. MCCAMMON

Wer die Außenwelt besser hören will, der höre genau auf die Stimme im Innern.
QUÄKER-SPRICHWORT

Wenn du zwischen gutem und schlechtem Rat zu unterscheiden vermagst, brauchst du keinen Rat.
ANONYM

einer echten Taufe zu entschließen; sie bleiben überall Besucher und sind nirgends wirklich zu Hause. Wer sich orientieren möchte, dem empfehle ich das Studium der Weltreligionen; so gewinnt man ein Verständnis für die verschiedenen Ausdrucksformen, aber auch für die gemeinsamen Grundthemen aller Pfade zum Göttlichen. Gott hat uns Intuition und Urteilsvermögen mitgegeben, einen inneren Wegweiser, mit dessen Hilfe wir den Weg finden, der unserer Seele entspricht. Sie brauchen nicht den besten Weg oder Lehrer ausfindig zu machen – nur das, was für *Sie* im jeweiligen Abschnitt Ihres Lebens das Beste ist. Das ist so einfach, wie über eine Blumenwiese zu gehen und die Blüten zu betrachten, die Ihre Aufmerksamkeit wecken. Überhaupt empfiehlt es sich beim Erkunden religiöser und spiritueller Wege ebenso wie in der Kunst, im Sport oder im Berufsleben, dass man sich viele Möglichkeiten ansieht, um Klarheit über den Weg zu gewinnen, den man selbst eingeschlagen hat.

Vertraue dir selbst. Dein Körper weiß mehr, als du zu wissen meinst.
BENJAMIN SPOCK

Vielfach sind wir so sehr auf das fixiert, was wir glauben tun zu *müssen*, dass wir kaum noch darauf achten, was wir eigentlich *möchten*. Die Suche nach unserer Religion, unserem Pfad, hat manches mit der Wahl eines Partners gemein. Für manchen mag es richtig sein, die Kindheitsliebe zu heiraten und sich nicht weiter umzusehen, aber die meisten begegnen verschiedenen Menschen, gewinnen Verständnis für die Unterschiede und lernen sich selbst und andere dabei gut genug kennen, um schließlich, wenn es um die Wahl eines Lebenspartners geht, zu einer reifen Entscheidung zu kommen. Forschen und experimentieren Sie also unbedingt weiter, bis der rechte Zeitpunkt da ist. Sie werden es dann wissen; es ist so eindeutig klar, wie wenn man sich verliebt. Wir haben alle den göttlichen Funken der Individualität mitbekommen, um nach unseren eigenen Wertmaßstäben und nicht nach denen anderer zu leben. Suchen Sie also Gottvertrauen und Selbstvertrauen; wo das eine ist, ist auch das andere. Wie auch immer Sie dann Ihre Schritte setzen, der Weg wird sich zeigen.

Was bedeutet das für Sie persönlich?

Viele Leser meines Buchs *Der Pfad des friedvollen Kriegers* haben mir geschrieben: »Hätte ich doch auch einen Lehrer wie Socrates.« Aber Sie *haben* solch einen Lehrer, und er ist immer bei Ihnen, so nah wie der nächste Herzschlag, so ganz bei Ihnen wie der nächste Atemzug. Wir können diesen Lehrer »Intuition«, »Instinkt«, »innerer Führer«, »Engel« oder »informiertes Mutmaßen« nennen – jedenfalls sieht der innere Wissende klar, dass kein Pfad, keine Religion, kein Nahrungsmittel, keine Übung, kein Lehrer und keine Methode für jeden richtig sein kann. Selbst unsere »Fehler« werden uns zum Ziel führen, wenn wir nur unserem innersten Begehren trauen, das unsere Berufung und unseren Weg ausmacht.

Wenn Sie einen Experten über ganz gewöhnliche oder auch metaphysische Dinge befragen, wird die Antwort Ihnen entweder einleuchten oder nicht. Dazu ist Ihr innerer Wegweiser da: Sie wissen zu lassen, wann Sie auf Ihrem Pfad sind, Ihrem Lebenszweck auf der Spur.

Stellen Sie sich vor, Sie hätten einen weisen, allwissenden Meister in sich, der stets bereit ist, alle Ihre Fragen zu beantworten. Stellen Sie aus tiefster Seele eine Frage; dann schreiben Sie die Antwort nieder.

Stellen Sie die gleiche Frage einem Arzt, Freund oder Therapeuten – irgendjemandem, der Ihnen geeignet erscheint. Legen Sie die Antwort neben Ihre eigene, und bedenken Sie beide gründlich. Zuletzt fragen Sie sich: Wer muss am Ende entscheiden?

*Ich praktiziere
Meditation und
Visualisation.
Warum weckt das
nicht meine
Lebensgeister?*

*Spirituelle Praxis beginnt damit, dass wir
den Körper ins Gleichgewicht bringen*

Ein spirituelles Leben beginnt und endet mit dem
Körper. Er ist unser einziger Besitz, der garantiert ein
Leben lang hält. Wir mögen meditieren, visualisieren
und träumen, aber wir müssen erst wirklich in
unserem Körper sein, bevor wir über ihn hinausgehen
können. Wenn der Körper sich im Gleichgewicht
befindet, wirken Fleisch und Geist so zusammen,
dass sie Energie und Fülle in unser Leben bringen.
Erreicht wird dieses Gleichgewicht durch die
Heilige Dreieinigkeit der Gesundheit: jeden Tag
Bewegung, vollwertige Kost, genügend Ruhe.
Bringen Sie den Körper ins Gleichgewicht, und
vertrauen Sie seiner Weisheit – das ist die Grundlage
für alles Weitere.

Frage *Sie scheinen Nahrungsergänzungsmitteln keine Bedeutung beizumessen. Aber wir sind heute doch so vielen Umweltgiften ausgesetzt, gegen die unser Körper so schnell keine Abwehrkräfte entwickeln konnte. Entsprechende Nahrungsergänzungen wirken auf der molekularen Ebene, ob die Leute es nun direkt merken oder nicht. Wie können Sie ihre Notwendigkeit bestreiten?*

Antwort Mag sein, dass Ihre Anschauungen richtig sind – zumindest für Sie. Doch an der Frage, ob man Nahrungsergänzungsmittel nehmen soll oder nicht, werden grundsätzlichere Dinge erkennbar. Wir müssen uns hüten, aus irgendeiner Ernährungsweise eine Religion zu machen oder uns zu Inhabern der Wahrheit über die richtige Ernährung oder irgendetwas anderes zu erklären. Auch mein Lehrer Socrates sah sich schließlich zu einer Mahnung genötigt: »Wenn du um deine Ernährungsdisziplin allzu viel Getue machst, wird dich am Ende der Stress umbringen.«

Jeder kann für seine eigenen Anschauungen zur richtigen Ernährung irgendeine Autorität, ein Buch oder auch eine wissenschaftliche Untersuchung zitieren. Solche Untersuchungen sind von sehr unterschiedlicher Qualität, weshalb wir zu jeder Behauptung eine Gegenbehauptung finden können. Denken Sie an Abmagerungskuren: Eine medizinische Koryphäe singt das Loblied der kohlehydratreichen und fettarmen Ernährung, während ein Kollege genau das Gegenteil vertritt – und beide können für ihre Anschauung eindrucksvolle wissenschaftliche Belege vorweisen. Die zunehmende Flut der Pillen und Pulver macht uns nur immer unsicherer in der Frage, wie wir unseren Körper am besten gesund erhalten.

Natürlich sind wir der Umweltverschmutzung, dem ganzen Lärm und Stress des modernen Lebens ausgesetzt. Doch Stressfaktoren hat es immer gegeben, und der mensch-

Ein leichtes Abendessen, gesunder Schlaf und ein schöner Morgen haben schon Helden aus Menschen gemacht, die sich an einem verregneten Morgen nach einer durch schwer verdauliches Essen unruhigen Nacht als Feiglinge erwiesen hätten.
LORD CHESTERFIELD

liche Körper besitzt ein erstaunliches Anpassungsvermögen. Er wurde von Gott – oder, falls Sie das vorziehen, von Jahrmillionen der Evolution – geschaffen, und es erscheint mir unklug, den Instinkten des Körpers ein Glaubenssystem überzustülpen. Denken wir an Mark Twains Warnung: »Lest bloß nicht so viele Bücher über gesunde Ernährung; man könnte da an einem Druckfehler sterben.«

Ich habe auch jahrelang Nahrungsergänzungsmittel genommen, bis mir eines Tages klar wurde, dass hauptsächlich Angst dahinter stand: Ich traute meinem Körper nicht. Danach habe ich experimentiert. Einen Monat lang nahm ich hochdosierte Vitamine und Mineralien, im nächsten Monat ließ ich sie weg. Überraschenderweise fühlte ich mich ohne die Mittel besser und habe mich folglich auf gute Ernährung, viel Bewegung, frisches Wasser und frische Luft verlegt. Wenn ich heute jünger aussehe, als meine Jahre vermuten lassen würden, dann nicht weil ich wissenschaftliche Untersuchungen gelesen oder Nahrungsergänzungsmittel eingenommen habe, sondern weil ich eine günstige genetische Ausstattung mitbringe und darauf vertraue, dass mein Körper schon weiß, was ihm gut tut. Er sagt mir, was er braucht, um optimal im Gleichgewicht zu sein. Er teilt sich mir durch Symptome mit, wenn das Gleichgewicht gestört ist. Und er lügt nie. Hören Sie also auf Ihren Körper mindestens so gut wie auf die neuesten Forschungen.

Für mich selbst habe ich herausgefunden, was mir am besten bekommt, aber damit weiß ich natürlich nicht, welche Ernährungsweise für Sie oder irgendeinen anderen Menschen die beste ist. Bei besonderem Bedarf oder Mangelerscheinungen können Nahrungsergänzungen angebracht sein: Frauen brauchen in den Wechseljahren mehr Kalzium; wer mit einem Antibiotikum behandelt wird, kann seine geschädigte Darmflora mit Bakterienpräparaten auffrischen; bei Gelenkschmerzen hilft in manchen Fällen die

Für meinen Vater war handwerkliche Arbeit nicht nur in sich selbst gut, sondern auch deshalb, weil sie einem den Kopf zurechtsetzt.
MARY ELLEN CHASE

zusätzliche Einnahme von Glucosaminsulfat, und so weiter. Aber für die meisten Menschen genügen eine auf ihre natürlichen Nahrungsbedürfnisse abgestimmte abwechslungsreiche Ernährung, regelmäßige Bewegung und ausreichende Ruhe. Ob wir also Nahrungsergänzungsmittel nehmen oder nicht – wenn wir im Einklang mit uns selbst und der Natur leben wollen, empfiehlt es sich, auf die Weisheit unseres Körpers zu vertrauen.

Wenn wir unbegleitet gehen, flüstern uns die Engel zu.
ANONYM

Frage *Funkwellen bilden überall auf der Welt ein immer dichter werdendes Netz. Zum Schutz der Öffentlichkeit und meiner Kinder gehe ich mit Aufklärung und rechtlichen Mitteln gegen die scheinbar unaufhaltsame Zunahme des Elektrosmogs vor, wie er vor allem von den Sendeanlagen der Mobilfunknetze ausgeht. Alle Lebewesen sind, ob sie wollen oder nicht, diesen potentiell gesundheitsschädlichen Feldern ausgesetzt. Vielleicht raten Sie mir, die Dinge hinzunehmen, die ich doch nicht in der Hand habe, aber wenn ich diesen Rat annehme, gebe ich dann nicht mich selbst und andere einfach preis?*

Antwort Zur Entwicklung der Menschheit gehören auch Neuerungen – und der Widerstand dagegen. Bei dem ständig zunehmenden Tempo der Veränderungen kann man schon mal die Orientierung verlieren, und viele Menschen fürchten die neuen Technologien. Vor der Erfindung der Eisenbahn glaubten die Menschen, man könne »unnatürliche« Geschwindigkeiten nicht überleben – und als unnatürlich galt alles, was schneller war als ein galoppierendes Pferd. Als es noch keine Fallschirme gab, nahmen die Wissenschaftler an, ein aus einem Flugzeug springender Mensch würde in rasende Drehbewegung geraten und sterben. Der Ford Model T spie Lärm und Gestank, und darin konnten viele nur den nahenden Untergang sehen. Aber heutige Autos sind weitaus umweltfreundlicher, und auf vielen anderen Gebieten wird umweltschonende Technik entwickelt.

Ich bin nicht für ungezügeltes technisches Wachstum. Unsere Lust auf immer neuen technischen Schnickschnack (und der Wettkampf der Hersteller um unser Geld) erzeugt eine hohe Innovationsgeschwindigkeit, ohne dass es ausreichende Bremsen und Kontrollmechanismen gäbe. Wir wissen, dass Berichte über schädliche Nebenwirkungen bestimmter Produkte auf Mensch und Umwelt immer wieder mal von der Industrie überspielt oder unterdrückt werden. Das Auto hat unserer Welt wirklich geschadet. Kein Zweifel also, dass die Auswirkungen elektromagnetischer Felder und anderer technischer Neuerungen sorgfältig untersucht werden müssen. Gegenwärtig deutet aber nichts eindeutig darauf hin, dass solche Felder ein messbares Risiko für Menschen darstellen.

Wenn wir mit dem Flugzeug reisen, setzen wir uns weitaus höheren Strahlendosen aus – ganz zu schweigen von der schrecklich trockenen Luft im Flugzeug. Und wenn wir uns über schwache Strahlungen, Luftverschmutzung und andere potentielle Risiken ereifern, dürfen wir ruhig auch daran denken, dass wir uns ansonsten freiwillig etlichen Gefahren aussetzen: Wir tauchen im Meer, klettern auf Berge, betreiben risikoreiche Sportarten, nehmen zu viel Fett zu uns, bewegen uns zu wenig, rauchen, trinken zu viel Alkohol – das alles ist sehr direkt und erwiesenermaßen schädlich, weitaus schädlicher als elektromagnetische Felder.

Aber es kann natürlich sein, dass der Körper die Last der Stressfaktoren oder schlechten Angewohnheiten schließlich nicht mehr tragen kann. Deshalb brauchen wir Menschen wie Sie, die dem unkontrollierten und nicht mehr hinterfragten technischen Wachstum etwas entgegensetzen. Freiheit ist nur um den Preis der Wachsamkeit zu haben. Wenn Sie gegen den Elektrosmog zu Felde ziehen möchten, wünsche ich Ihnen viel Erfolg. Denken Sie aber an

Ein Spaziergang mit kraftvoll ausgreifendem Schritt nützt einem unglücklichen, aber ansonsten gesunden Menschen mehr als alle Medizin und Psychologie der Welt.
PAUL DUDLEY WHITE

Dein Körper ist eine Metapher deines Lebens. Die Ehe zwischen Fleisch und Geist kann durchaus in einer Scheidung enden ...
GABRIELLE ROTH

Don Quixote; achten Sie darauf, dass Sie um wirklich lohnende Ziele kämpfen. Inzwischen können Sie sich und Ihre Kinder durch ein möglichst positives unmittelbares Umfeld schützen; unterstützen Sie Ihr Immunsystem durch tägliches Bewegungstraining, gesunde Ernährung und ausreichende Ruhephasen – und sehen Sie zu, dass es jeden Tag etwas zu lachen gibt.

Am technischen Fortschritt können wir wenig ändern, aber wir können unserem Körper helfen, den Winden des Wandels besser standzuhalten. Deshalb beginnt die spirituelle Praxis damit, dass wir den Körper ins Gleichgewicht bringen.

> Körper und Seele sind Zwillinge. Nur Gott vermag sie zu unterscheiden.
> CHARLES A. SWINBURNE

Was bedeutet das für Sie persönlich?

Wenn mir jemand seine Probleme schildert – Gesundheit, psychische Belastungen, Geld, Beziehungen, Spiritualität –, stelle ich erst einmal die folgenden drei Fragen, die ich jetzt auch Ihnen vorlegen möchte. Lassen Sie sich alle drei Fragen gründlich durch den Kopf gehen, und antworten Sie kurz.

Machen Sie regelmäßig, das heißt an den meisten Tagen, ein leichtes Bewegungstraining? (Mit Streckübungen, tiefer Atmung, Krafttraining und für Herz und Kreislauf wirksamen Elementen?)

Ernähren Sie sich in der Regel vollwertig? (Ist gesunde Ernährung etwas, worauf Sie wirklich achten? Oder essen Sie zu viel Unnötiges und zu wenig von dem, was Sie wirklich brauchen?)

Haben Sie jeden Tag ausreichende Ruhe- und Erholungszeiten? (Sechs bis acht Stunden Nachtschlaf – so viel jedenfalls, dass Sie tagsüber nicht müde werden. Bleiben Sie abends zu lange vor dem Fernseher sitzen? Gönnen Sie sich zwischendurch ein Schläfchen, wenn Sie es brauchen?)

Bevor Sie mit komplizierten oder subtilen Techniken und inneren Übungen anfangen, greifen Sie am besten erst einmal auf die einfachen Dinge zurück, um den Körper ins Gleichgewicht zu bringen. Machen Sie sich ein paar Notizen, wie Sie dies leicht, aber effektiv in Ihrem Alltag umsetzen können.

*Können wir erreichen,
dass uns das Schöne
im Leben bleibt?*

Das Leben verläuft zyklisch –
alle Dinge ändern sich

Zyklen sind der natürliche Lauf des Lebens –
wie etwa bei den vier Jahreszeiten, die einander
in endlosem Reigen folgen. Schwere und schöne
Zeiten vergehen gleichermaßen, denn was aufsteigt,
wird fallen, und was fällt, wird in dieser oder jener
Form wieder aufsteigen. Das ist der natürliche Gang
der Welt. Wir können die Zyklen des Lebens nicht
steuern, aber reiten können wir Sie, wie man
bockende Pferde oder die fließenden Wellen reitet.
Wenn wir die »Jahreszeiten« unseres Lebens
annehmen, bewegen wir uns im Einklang mit den
Zyklen unserer Welt.

Frage *Mein Leben lief eigentlich ganz gut, das übliche Auf und Ab, aber nichts besonders Einschneidendes. Vor ein paar Jahren schien dann alles plötzlich in die Brüche zu gehen – beruflich, finanziell, familiär, sogar gesundheitlich. Die Einzelheiten tun nichts zur Sache, aber ich habe manchmal den Eindruck, dass mein Leben jetzt bis ans Ende so weitergehen soll. Lohnt es sich dann noch?*

Antwort Sie beschreiben einen abwärts gerichteten Zyklus, aber es hätte ja auch sein können, dass Sie plötzlich den idealen Lebenspartner finden, die Arbeit, von der Sie immer geträumt haben, dass Sie im Lotto gewinnen oder sich einer Periode strahlender Gesundheit erfreuen. Lassen Sie mich dazu eine Geschichte erzählen:

Den Herrscher eines großen Reiches verfolgten trübe Gedanken. Er rief seine Berater und gab folgenden Befehl: »Ihr müsst mir einen Zauberring beschaffen; er muss eine Inschrift tragen, die immer und überall gültig ist – einen Ring, der meinen Kummer vertreibt und mir große Weisheit verschafft.« Nun kannten seine Berater sich zwar in der Magie aus und hätten Ringe beschaffen können, mit denen man Drachen rufen und allerlei Kräfte entfesseln konnte, doch den Wunsch des Königs zu befriedigen, das vermochte keiner. Die Goldschmiedemeister und Juweliere boten alle Kunst und Mühe auf und vollendeten schließlich einen herrlichen Ring. Doch es fand sich keine Inschrift, die jederzeit und überall gültig sein würde, bis schließlich ein alter und lebenserfahrener Diener die Antwort wusste. Bei einem großen Fest, zum dem der Diener als Ehrengast geladen war, übergab man dem König den Wunderring. Die Inschrift lautete: *Auch dies wird vergehen.*

Das Leben verläuft in Zyklen, und alle Dinge ändern sich. Das mag vertraut klingen, denn wir hören solche ewigen Wahrheiten von der Wiege an – in Kinderreimen, Liedern und Märchen. Aber es gibt Wissen und *Wissen.*

> Die Zeit ist ein machtvoller Strom des Vergehens. Kaum ist etwas dem Auge sichtbar geworden, da wird es auch schon wieder fortgetragen, und etwas anderes tritt an seine Stelle – und auch dies wird wieder vergehen.
> MARK AUREL

Ein Hausordnungspunkt wie dieser kann uns so selbstverständlich sein, dass er bequem wie ein alter Schuh »sitzt«, den wir kaum noch bemerken. Bis uns der Sinn eines Tages urplötzlich aufgeht: *Auch dies wird vergehen.* Wenn wir das wirklich begreifen, haben wir in schweren Zeiten Trost und wissen in guten Zeiten zu schätzen, was wir haben. Und auch der Trost wird vergehen wie alle anderen Dinge. Wenn jemand nach einem meiner Seminare sagt: »Ich bin so begeistert«, dann antworte ich: »Keine Sorge, das vergeht wieder.«

Gefühle, Gedanken, vertraute Menschen, Errungenschaften, Pflichten, Besitztümer, Fehlschläge, Schwierigkeiten, Freuden – alles hat seine Zu- und Abnahme wie der Mond. All das geschieht nach Gottes Zeitplan, nicht nach unserem. Astrologen mögen ein wenig Licht auf die Veränderungen und Umbrüche unseres Lebens werfen, doch niemand hat Gewalt über die Zyklen des Daseins. Jede Phase des Lebens hält ihre Herausforderungen, Geschenke und Lektionen bereit. Wir können nur das Beste aus jeder Schwierigkeit machen und die vergänglichen Freuden dankbar annehmen.

> Was einen Anfang hat, wird auch enden. Schließt Frieden damit, und alles wird gut sein.
> DER BUDDHA

Ihr »Winter« mag Ihnen endlos erscheinen, doch der Frühling wird kommen. Uns bleibt nur, die Höhen zu genießen und in den Niederungen stärker zu werden – und uns die folgende kleine Geschichte zu Herzen zu nehmen:

Ein Mann besuchte während einer Polenreise einen berühmten Rabbi. Der Rabbi lebte in einem Zimmer, in dem es nichts als einen Tisch, eine Bank und Stapel von Büchern gab.

»Rabbi, wo sind denn Eure Möbel?«, wollte der Besucher wissen.

»Und Eure, wo sind die?«, entgegnete der Rabbi.

»Meine Möbel? Aber ich bin doch nur auf der Durchreise.«

»Ich auch«, sagte der Rabbi, »ich auch.«

Frage *Sie sagen, dass Erleuchtungserlebnisse und tiefe Einsichten wieder verblassen. Gilt das auch für große Meister wie Jesus oder den Buddha? Sehen Sie die Vorstellung eines dauerhaften höheren Zustands als Illusion an?*

Antwort Die spirituelle Literatur ist reich an Geschichten von erleuchteten Meistern, großen Lehrern und Weisen. Es kommt mir aber nicht sehr sinnvoll vor, darüber Mutmaßungen anzustellen; ich glaube, wir sollten uns lieber überlegen, wie wir eben jetzt tatsächlich leben: Sind unsere Beziehungen zu anderen von Mitgefühl, Höflichkeit, Freundlichkeit geprägt? Immerhin gibt Ihre Frage uns jedoch Gelegenheit, einen weiteren Punkt der Hausordnung zu betrachten: Das Leben verläuft in Zyklen, alles verändert sich. Versuchen wir also Ihre Frage so zu beantworten, dass wir beim Naheliegenden bleiben.

Ich habe einmal eine Geschichte über den Buddha Gautama gehört, die ungefähr so ging: Nach seiner Erleuchtung wurde Gautama von einem jungen Mann angesprochen, der wohl spürte, dass etwas Besonderes an ihm war. Der junge Mann fragte den Buddha, ob er ein Krieger oder ein Zauberer oder ein Weiser sei. Der Buddha lächelte und schüttelte den Kopf.

»Aber etwas unterscheidet dich von anderen«, sagte der junge Mann.

Der Buddha antwortete: »Nur dies: Ich bin erwacht.«

Das bringt uns auf den Kern unserer Frage: Ist dieses »Wachsein« durchgängig, oder ändert es sich von Augenblick zu Augenblick? Wir sind tagsüber »durchgängig wach«, oder? Aber sind Sie in jedem Augenblick gleich wach und gleich bewusst? Ist es nicht so, dass unsere Bewusstheit zu- und abnimmt und sich ändert? Oder nehmen wir an, Ihnen wird urplötzlich klar, dass Ihr Vater Sie sehr geliebt hat. Vielleicht ist mit diesem Gedanken tiefe Freude oder eine bittersüße Traurigkeit verbunden, viel-

> Es wird die Zeit kommen, da ihr glaubt, dass alles zu Ende ist. Das wird der Anfang sein.
> LOUIS L'AMOUR

leicht sind es gemischte Gefühle. Sie werden nicht wieder vergessen, was Ihnen hier so plötzlich aufging, aber die Intensität und Unmittelbarkeit der Erfahrung wird verblassen.

Jeder Ausgang ist ein Eingang.
TOM STOPPARD

Jesus und der Buddha erwachten zu tiefer Einsicht in das wahre, absolute Wesen Gottes und der Wirklichkeit. Auch wir, wenn gleich in geringerem Maße, erleben Augenblicke der klaren Wahrnehmung, der Schönheit und Erkenntnis – und natürlich dumpfe Augenblicke, in denen wir uns von allem abgeschnitten fühlen. Gefühle verblassen, einmal Verstandenes bleibt, aber alle Dinge haben ihr Zu- und Abnehmen.

Unabhängig davon, ob Jesus oder der Buddha einen Zustand durchgängiger Wachheit erreicht haben, müssen wir uns doch selbst um unser Leben kümmern. Ob Jesus für unsere Sünden gestorben ist oder nicht, wir müssen doch zielstrebig leben. Der Buddha mag die vollständige Befreiung gefunden haben, doch das ändert nichts daran, dass jeder diese Freiheit in seinem eigenen Leben selber suchen muss. Wir haben jeder seine ganz eigenen Aufgaben und seinen Weg. Kein Meister, auch nicht Jesus oder der Buddha, kann uns in einen anhaltenden Zustand der Erleuchtung versetzen. Solche Lehrer können uns anleiten und den Weg zeigen. Und wir machen uns am besten an die Vorbereitungen, indem wir im zyklischen Auf und Ab der Zeit zielstrebig leben, unsere Aufmerksamkeit befreien und uns immer mehr an die Hausordnung anpassen.

Was bedeutet das für Sie persönlich?

Frühling, Sommer, Herbst, Winter – wo sind Sie in Ihrem Lebenszyklus? Wenn wir von einer normalen oder idealen Lebensdauer von achtzig bis hundert Jahren ausgehen, könnten wir folgende Einteilung in Jahreszeiten vornehmen:

Frühling – von der Geburt bis fünfundzwanzig
Sommer – sechsundzwanzig bis fünfzig
Herbst – einundfünfzig bis fünfundsiebzig
Winter – über fünfundsiebzig

Welche Schlüsselbegriffe und Assoziationen kommen Ihnen für jede Jahreszeit Ihres Lebens?

Was ist in Ihrem Leben gleich geblieben?

Was hat sich verändert?

Was lernen Sie daraus für das Reiten auf den Wogen des Wandels?

Wie kann ich mein Leben einfacher gestalten und doch in vollen Zügen leben?

*Das Leben ist eine Folge
von Augenblicken*

Wenn wir über das Leben nachdenken – und das
ist schon der Hauptteil des Problems –, erscheint es
uns kompliziert und anstrengend. Das scheint aber
nur so. Letztlich ist das Leben einfach und gemessen,
denn wir können immer nur einen Augenblick auf
einmal leben. Es gibt keine neurotischen oder
intelligenten Menschen, nur neurotische oder
intelligente Augenblicke. Und verantwortlich sind wir
immer nur für diesen Augenblick. Alles Übrige ist
Erinnerung oder Vorstellung. Wir sind alle für
Augenblicke erleuchtet, unwissend, gütig und
grausam. Die Qualität unseres Lebens bemisst sich
danach, wie gut wir auf den gegenwärtigen
Augenblick und den nächsten und den nächsten
achten.

Frage *Seit einer Reise nach Indien und Nepal vor ein paar Jahren bin ich sehr krank. Infolge der starken Bauch- und Kopfsymptome kann ich so gut wie nichts mehr tun, und das Leben erscheint mir nicht mehr lebenswert. Trotz vieler Untersuchungen und Behandlungen sieht es für mich düster aus. Wissen Sie jemanden, der mir beistehen könnte?*

Antwort Deprimiertheit, Verzweiflung, Enttäuschung und Selbstmitleid sind bei einer hartnäckigen Krankheit ganz natürlich, auch wenn man die Dinge realistisch zu betrachten und sich in Geduld zu üben lernt. Sie halten diese Krankheit aus, und das hat Ihr Durchhaltevermögen entwickelt; Sie leiden, und das vertieft Ihr Mitgefühl. In Ihrer jetzigen Lage wissen Sie das vielleicht nicht zu schätzen. Lieber wäre Ihnen – wie jedem anderen unter diesen Umständen – ein Heiler, eine Medizin, eine Methode, ein Wunder, irgendetwas, das Ihre Leiden jetzt gleich beendet. Ich lag vor Jahren einmal im Krankenhaus und hatte Schmerzen, die nicht auszuhalten waren. Aber ich habe sie ausgehalten. Halten Sie sich diese Worte von Shoma Morita ganz klar vor Augen: »Wenn du einen Berg hinaufsteigst, gib ruhig so oft auf, wie du möchtest – solange nur deine Füße in Bewegung bleiben.«

Dieses Gefühl, das Leben sei nicht mehr lebenswert, stellt sich dann ein, wenn Sie in die Vergangenheit zurückgehen (wie lange die Krankheit schon dauert) oder der Zukunft vorgreifen (wie es vielleicht immer so weitergehen wird). In chronischen Schmerzen oder Krankheiten steckt demnach eine ganz wichtige Aufforderung, nämlich das Leben im gegenwärtigen Augenblick zu üben: im Hier und Jetzt voll bewusst zu sein. *Jetzt* ist auszuhalten; mit *jetzt* kommen Sie irgendwie zurecht; *jetzt* ist Ihr Augenblick der Kraft und des Mutes. Das Leben ist eine Folge von »Jetzten«.

Das Leben ist immer an einem Wendepunkt.
IRWIN EDMAN

Hast du diesen Augenblick ganz und gar verstanden, wird nichts mehr zu tun, nichts mehr zu erstreben sein.
HAGAKURE: DAS BUCH DES SAMURAI

Wenn Sie genau wüssten, dass Ihre Krankheit in zwei Minuten – oder in zwei Tagen, zwei Wochen, zwei Monaten, zwei Jahren – überwunden sein wird, würden Sie vermutlich sehr viel besser mit ihr zurechtkommen. Legen Sie also ganz intuitiv ein Datum fest, an dem Ihr Immunsystem Ihre Gesundheit wiederhergestellt haben wird. Markieren Sie dieses Datum in Ihrem Kalender oder auch innerlich. Wenn der Tag kommt und Ihre Symptome doch bestehen bleiben, setzen Sie ein neues Datum. Denken Sie daran, dass Sie nie mehr als den nächsten Kilometer, den nächsten Schritt, den nächsten Augenblick vor sich haben.

Das Leben wird aus kürzester Entfernung auf uns abgefeuert.
JOSÉ ORTEGA Y GASSET

Bringen Sie unterdessen immer mehr über sich selbst in Erfahrung, und sehen Sie sich nach Heilmöglichkeiten um. Vertrauen Sie sich der Weisheit Ihres Körpers, den Gesetzen des Geistes und dem Lauf Ihres Schicksals an. Wenn es Ihnen trotz Ihres Zustands gelingt, anderen auf ganz einfache Weise zu dienen, und sei es auch nur mit einem freundlichen Wort oder Lächeln, werden Sie damit ein wenig von sich selbst loskommen. Freuen Sie sich an kleinen Augenblicken der Erleichterung, der Gnade, bis solche Augenblicke immer mehr von Ihrer Zeit einnehmen, Ihren Körper verjüngen und Ihr Leben heil machen.

Frage *Bei allem, was mir begegnet, habe ich den Hang, es mit Früherem zu vergleichen oder an dem zu messen, was ich mir für die Zukunft erhoffe. Können Sie mir helfen, mehr im Augenblick zu leben und mich und mein Leben einfach anzunehmen?*

Antwort Sie können sich selbst helfen, wenn Sie mit den folgenden drei Fragen arbeiten, die Ihnen das zielstrebige Leben, das Leben im gegenwärtigen Augenblick, erschließen. Wenn Sie merken, dass Ihre Aufmerksamkeit erlahmt und beim Bedauern der Vergangenheit oder bei Zukunftsängsten verweilt, fragen Sie sich erstens: »Bin ich entspannt?« Dann entspannen Sie Ihren Körper ganz bewusst. Zweitens: »Atme ich tief und gleichmäßig?« Dann atmen Sie dreimal langsam und tief durch und entspannen sich weiter. Und drittens: »Bewege und verhalte ich mich gezielt, gemessen, geschickt und harmonisch?« Dann wenden Sie sich ganz dem zu, was Sie gerade tun – Sitzen, Stehen, Autofahren, Geschirr Abwaschen –, und tun es fließend und so, dass Sie die Schönheit empfinden.

Dieser aus drei Fragen bestehende Weckruf bringt unsere Aufmerksamkeit zum Körper und zum jetzigen Augenblick zurück. Die Aufmerksamkeit wandert gern zu *Vergangenheit* genannten Erinnerungsbildern oder zu Vorstellungen und Phantasien, die wir *Zukunft* nennen. Wenn wir davon loslassen, sinken wir in den Körper und den Augenblick zurück, wir »verlieren den Verstand und kommen zur Besinnung«. Das Leben ist eine Folge von Augenblicken, und wenn wir jedem Augenblick mehr Qualität verleihen, verbessern wir unsere gesamte Lebensqualität.

> Wir erinnern uns nicht an Tage. Wir erinnern uns an Augenblicke.
> CESARE PAVESE

Diese jeden Augenblick heiligende Aufmerksamkeit kann zu einer Art Gebet werden. Die folgende Geschichte mag das verdeutlichen: In einer Gruppe von Geistlichen wurde diskutiert, was es mit dem Gebot des »Betens ohne Unterlass« auf sich habe. Einer der Gottesmänner hörte ein in der Nähe beschäftigtes Dienstmädchen sagen: »Das ist meine Übung.« Er fragte sie: »Wie kannst du ununterbrochen beten, wo du doch den ganzen Tag zu tun hast?«

> »Von Stund an glücklich und zufrieden« leben, das geht nur Augenblick für Augenblick.
> MARGARET BONNANO

»Wenn ich am Morgen die Augen aufschlage«, erwiderte sie, »bete ich um Einsicht. Wenn ich mich ankleide, bete ich, dass ich das Gewand des Mitgefühls tragen möge. Beim Abwasch bete ich, dass ich von meinen vielen Fehlern gesäubert werde. Bei der Arbeit bitte ich um die Kraft, den Aufgaben des Tages gewachsen zu sein. Beim Feuermachen bete ich, dass Gottes Feuer aufs neue in meiner Seele aufflammen möge. Wenn ich das Essen zubereite,

> Nur dieses flüchtigen Augenblicks können wir sicher sein; schöpfen wir ihn bis zur Neige aus.
> WILLIAM SOMERSET MAUGHAM

bete ich, dass der Geist der Welt mich nähren möge. Und kümmere ich mich um die Kinder, so bete ich zu Gott, dass ich ein gehorsames Kind sein möge. So schenkt mir jeder Augenblick und jede Tätigkeit ein Gebet.«

Das Wahre ist wahr nur zu einem Zeitpunkt und an einem Ort.
T. S. ELIOT

Einer Übung dieser Art können wir uns alle widmen, um uns mit der Zeit immer mehr dem in jedem Augenblick verborgenen spirituellen Gehalt und Sinn anzunähern.

Was bedeutet das für Sie persönlich?

Gedanklich ist es so einfach: Keine Vergangenheit. Vergangenheit gibt es nur in Form von Gehirnströmen, die wir als Erinnerungen auffassen; Erinnerungen sind häufig entstellt und geben die Ereignisse anders wieder, als sie tatsächlich waren. Und keine Zukunft. Wir haben nichts als Projektionen – Wahrscheinlichkeiten, dass etwas geschehen wird oder nicht –, und selten fügen sich die Dinge genau so, wie wir vermutet hatten.

Wir haben nur jetzt und jetzt und jetzt, eine Augenblick für Augenblick entstehende Wirklichkeit.

Untersuchen Sie Ihre eigene Erfahrung auf diese Wahrheiten hin:

Sehen Sie jetzt auf die Uhr; notieren Sie Datum und Uhrzeit. Skizzieren Sie in wenigen Sätzen, was Sie
– in drei Stunden (falls Sie dann schon schlafen, nehmen Sie den nächsten Morgen)
– morgen um 14.00 Uhr
– nächsten Sonntag um 14.00 Uhr
tun werden und was Sie fühlen werden. Notieren Sie sich zu diesen Zeiten, wie genau Ihre Voraussagen eintrafen.

Schildern Sie eine Situation – sie soll eine Woche, einen Monat oder länger zurückliegen –, die Sie gemeinsam mit einem Freund oder nahen Angehörigen erlebten. Dann bitten Sie diese Person, ihre eigenen Erinnerungen an dieses gemeinsame Erlebnis möglichst detailliert aufzuschreiben.

Vergleichen Sie. Wie hoch ist die Übereinstimmung?

Wenn Sie Ihre Aufmerksamkeit bewusst auf die Gegenwart sammeln – in dem Wissen, dass dieser Augenblick nur dieses eine Mal vergeht –, wie könnte sich das auf die Qualität Ihres Lebens auswirken?

*Ich habe mein
Leben gründlich
verpfuscht.
Ist für mich alles
zu spät?*

*Seien Sie nachsichtig mit sich,
vertrauen Sie sich Ihrem Leben an*

Wir sind alle friedvolle Krieger, die noch viel zu lernen haben. Für das Leben auf dieser Erde wird nicht Vollkommenheit verlangt. Wir machen immer wieder Fehler – und lernen aus ihnen. Kein Mensch wird geboren, um perfekt zu sein, sondern um echt zu sein; nicht um ein anderer zu werden, sondern um er selbst zu werden. Wir alle haben so manches verpfuscht, aber nichts könnte unwichtiger sein als der Halbzeitstand. Wenn wir unser Menschsein annehmen, erwecken wir unsere Spiritualität, und im Eingestehen unseres Versagens kann unser größter Sieg liegen.

Frage *Ich hatte es auf der Schule bisher sehr schwer; meine Leistungen waren schlecht, der Umgang mit anderen schwierig. Ich habe versucht, mich einzufügen, aber irgendwie bin ich so anders als die anderen. Das deprimiert mich, und ich weiß wirklich nicht, wie ich das noch zwei weitere Jahre aushalten soll. Können Sie mir raten, wie ich besser zurechtkommen kann?*

Antwort Dieses Gefühl, nicht recht dazuzugehören, haben viele junge Menschen. Aber es gibt wirklich besondere Seelen, die sich auf dem Weg zu ihrer ganz eigenen Bestimmung außerhalb des Herkömmlichen bewegen müssen. Vielleicht sind Sie nicht hier, um sich »einzufügen«; vielleicht müssen Sie ein Vorbild geben, neue Wege bahnen. Ein griechisches Sprichwort lautet: »Wer die Musik nicht hört, wird die Tanzenden als vom Wahnsinn befallen ansehen.« Und Goethe schrieb: »Die Seele, welcher Schönheit erscheint, geht wohl manches Mal allein.«

Dazu noch ein traurige Geschichte von einem wegen seiner Weisheit hochverehrten Herrscher, der von den dankbaren Bewohnern seines Reiches jeden Tag Geschenke erhielt. Sein Geburtstag wurde stets im ganzen Land gefeiert. Dann trat eine tragische Wende ein. Die Brunnen der Hauptstadt wurden vergiftet, und alle, die von dem Wasser tranken, verfielen dem Wahnsinn. Nur der König, der eine eigene Quelle besaß, blieb verschont. Nicht lange danach begannen die Leute der Stadt vom »sonderbaren Verhalten« des Königs zu tuscheln: er hege seltsame Anschauungen, und mit seiner Weisheit sei es offenbar vorbei. Manche meinten sogar, er habe den Verstand verloren. Seine Beliebtheit jedenfalls schwand rasch dahin. Da wurde es dem König sehr einsam, und eines Tages ging er in die Stadt und trank aus dem Brunnen, wohl wissend, was dann mit ihm geschehen würde. Noch am gleichen

> Dann und wann trifft die Leute wie ein Blitzschlag der Gedanke, dass sie nicht so leben *müssen*, wie man ihnen gesagt hat.
> ALAN KEIGHTLY

Abend gab es ein großes Fest, weil der König »seine geistige Klarheit zurückgewonnen« hatte.

In seiner Einsamkeit war der König bereit, einen hohen Preis zu zahlen. Uns allen geht es so, wenn wir in unserem Alleinsein doch Gemeinsamkeit finden möchten. Aber wo steht geschrieben, dass Sie die ausgetretenen Wege gehen müssen? Das Wunderbare an Ihrer Zukunft ist ja, dass Sie sie selbst erfinden können, während Sie Schritt für Schritt weitergehen. Viele Pfade führen auf den Berg; wenn Sie die weniger benutzten Wege gehen, dann liegt Ihnen das vermutlich und ist genau richtig für Sie. Trotzdem müssen Sie sich dabei nicht allein fühlen. Jason Reese war ein von seinem Vater verlassener, in sich gekehrter Junge, der teils von den Großeltern, teils von einer mit großen Schwierigkeiten kämpfenden Mutter versorgt wurde und in einem Viertel mit hoher Kriminalitätsrate aufwuchs. Was tat er? Er gab jüngeren Schülern Nachhilfeunterricht, organisierte Säuberungsaktionen im Park und »Essen auf Rädern«; außerdem nahm er eine Teilzeitarbeit an, half in einem Pflegeheim aus und kümmerte sich um seine beiden jüngeren Brüder, während seine Mutter ihr Studium zu Ende führte. Er wurde Träger des National Youth of the Year Award und sagte: »Geh deinen Träumen nach, und lass dir von niemandem einreden, du würdest es nicht schaffen.«

Sie müssen natürlich nicht wie Jason oder sonst irgendein Mensch sein. Leben Sie Ihr Leben, wie nur Sie es können – dazu sind Sie hier. Wagen Sie es, anders zu sein; sie akzeptieren ja auch das Anderssein der Menschen in Ihrer Umgebung. Sie sind hier, um auf den göttlichen Funken in Ihrem Innern vertrauen zu lernen, was für Schwierigkeiten und Zweifel Sie auch haben mögen und was auch immer Ihnen als die richtige Lebensweise ans Herz gelegt wird. Der Funke des Göttlichen in Ihnen weiß, was er tut. Sorgen Sie also gut für sich. Blei-

Du selbst zu sein in einer Welt, die alles daransetzt, einen anderen Menschen aus dir zu machen, das bedeutet: Du hast den schwersten aller Kämpfe auszufechten und darfst nie innehalten.
E. E. CUMMINGS

Es ist nie zu spät, das zu werden, was du hättest werden können.
GEORGE ELIOT

ben Sie gesund. Genießen Sie Ihr Leben, und folgen Sie Ihrem Herzen.

Frage *Ich bin den größten Teil meines Lebens regelmäßig in die Kirche gegangen. Ich mag die Predigten, und in schwierigen Zeiten habe ich das Gefühl, dass der Glaube an eine höhere Macht mir hilft. Mein Verstand allerdings kann religiöse Überzeugungen nicht akzeptieren. So bin ich zwischen Glauben und Rationalität hin- und hergerissen, und das bedrückt mich, weil ich eigentlich nicht sagen kann, dass ich an einen »Gott im Himmel« glaube. Glauben Sie, dass Gott existiert? Muss ich glauben, um Gottvertrauen zu haben?*

Antwort Ein amerikanischer Wissenschaftler besuchte einmal den berühmten Physiker und Nobelpreisträger Niels Bohr in Kopenhagen. Er staunte nicht schlecht, als er über Bohrs Schreibtisch ein Hufeisen hängen sah, und zwar in der vorgeschrieben Weise festgenagelt, nach oben offen, damit das Glück sich darin sammeln konnte. Auf die Frage, wie ein Wissenschaftler an Hufeisen glauben könne, antwortete Bohr lächelnd: »Ich weiß natürlich, dass das bloßer Aberglaube ist. Aber man hat mir gesagt, dass ein Hufeisen auf jeden Fall Glück bringt, ob man daran glaubt oder nicht.«

Gott oder der göttliche Geist ist für den menschlichen Verstand nicht zu ermessen und kann wohl auch nicht der Gegenstand bloßer Überzeugungen sein. Überzeugungen kommen und gehen, Gott bleibt. Die Schwerkraft existiert unabhängig davon, ob wir an sie glauben oder nicht. So ist es auch mit Gott. Um Liebe zu erleben, muss man nicht wissen, was sie ist. So ist es auch mit Gott. Wenn etwas uns begeistert, sind wir vom Geist angerührt. Der Geist ist um uns wie das Wasser um die Fische und die Luft um fliegende Vögel. Gott ist überall und in allem und allen.

Meine ganze Autorität ruht einzig darauf, dass ich weiß, wie wenig ich weiß.
SOCRATES

Gott ist das, woraus die Schöpfung besteht, und er ist das Ganze der Schöpfung. Gott ist, aber wir sind seiner nicht gewahr. Mangelndes Gewahrsein bedeutet nicht, dass Gott abwesend wäre. Gott ist vollkommen offenbar, wenn man mit den Augen des Herzens schaut: Betrachte an einem Frühlingsmorgen eine geöffnete Blüte, blicke hinauf in den Nachthimmel, und staune angesichts seiner Tiefe. In solchen Augenblicken ist gar nichts anderes möglich, als dass wir Gott erblicken.

> Das einzig Lernenswerte ist das, was man lernt, wenn man schon alles weiß.
> HARRY S. TRUMAN

Gottvertrauen ist mehr als bloßer Glaube. Es ruht auf der Beobachtung, dass unser Universum von einer höheren Intelligenz regiert wird, die an den geordneten, gesetzmäßigen Abläufen erkennbar wird. Einsteins berühmter Satz »Gott würfelt nicht« gilt auch für Sie: Gott würfelt nicht mit Ihnen. Wenn wir im buchstäblichen oder übertragenen Sinne Gottes Geschöpfe sind, können wir nur Ebenbilder des Göttlichen sein, die hier sind, um dieses Einssein zu realisieren. Die Frage ist also nicht nur, ob wir an Gott glauben und Gottvertrauen haben, sondern auch, ob wir an uns selbst glauben und Selbstvertrauen haben. Wenn wir uns von Gott getrennt, von der Schöpfung abgeschnitten fühlen, ist unser Glaube ohne Grundlage. Fühlen wir uns aber zuinnerst diesem ganzen sich entfaltenden Mysterium zugehörig, nicht anders als eine Muschel oder ein Stern, dann nimmt unser Leben immer ganz einfach den Lauf, den es nehmen soll.

Seien Sie also gut zu sich selbst. Gewähren Sie sich das Mitgefühl, die Freundlichkeit und die Achtung, die Sie jeder der erstaunlichen Schöpfungen Gottes entgegenbringen würden. Das Leben ist mal leicht und mal schwer, mal voller Freude und mal voller Schmerzen. Doch wenn unser Blick weit genug geworden ist, gibt es eigentlich nirgends Probleme. Nur das sich entfaltende Göttliche, überall.

Was bedeutet das für Sie persönlich?

Bei all dem spirituellen Suchen und Forschen und in dem ganzen geschäftigen Treiben auf dem Marktplatz der Selbstvervollkommnung und persönlichen Entwicklung verlieren wir manchmal den Überblick, das Gesamtbild: dass alles genau den Gang geht, den es gehen muss, dass wir unsere Rolle perfekt spielen, genau richtig und genau zur rechten Zeit. Das heißt freilich nicht, dass unser Leben immer so laufen wird, wie wir es gern hätten oder für gut halten. Es heißt aber, dass wir ruhig immer wieder loslassen dürfen, um - jetzt gleich - tief und ruhig durchzuatmen, um das Leben, das uns gegeben wurde, anzunehmen und das Beste daraus zu machen.

Seien Sie also vor allem nachsichtig mit sich selbst. Machen Sie sich klar, dass Sie - Ihren Fähigkeiten und Ihrer jeweiligen Bewusstseinsstufe entsprechend - eigentlich immer Ihr Bestes tun. Sobald wir uns dem Lauf unseres Lebens anvertrauen, verliert sich das Gefühl, dass *wir* alles steuern und machen und wissen müssen. Und in diesem Nichtwissen können wir uns selbst endlich so annehmen, wie wir sind, auch wenn wir uns noch immer weiter zu dem entwickeln müssen, was wir sein können.

Auf welchen Gebieten glauben Sie an sich selbst? Notieren Sie drei.

Wo haben Sie kein Selbstvertrauen, sondern glauben besser oder anders sein zu müssen, als Sie sind? Notieren Sie drei Gebiete.

Wie könnten Sie sich noch mehr Ihrem Leben, Ihren Beziehungen und Ihren Herausforderungen anvertrauen?

*Ich habe so viele
meiner selbstgesteckten
Ziele erreicht –
woher dieses Gefühl,
dass etwas fehlt?*

Freundlichkeit schließt den Kreis des Lebens.
Wir sitzen im gleichen Boot

Für die meisten von uns wird ein Essen oder ein Kinobesuch erst durch Gesellschaft richtig schön. So ist es mit unserem Leben überhaupt. Menschen sind auf Austausch angelegt, auf Dienen und Bedientwerden, auf gemeinsame Arbeit und gemeinsames Spiel. Jeder braucht Zeiten des Alleinseins, aber der Einzelgänger, das in den Spiegel starrende vereinzelte Ich, muss aus seinem Alleinsein ausbrechen. Niemand ist schlauer als wir alle, und niemand erbringt irgendeine echte Leistung ganz allein. Alles, was wir schaffen, ruht auf den Schultern derer, die vor uns waren. Reichen und ergreifen Sie eine helfende Hand – wir sitzen alle im gleichen Boot.

Frage *Einer meiner Freunde meint, Selbstlosigkeit sei letzten Endes Selbstsucht und wir täten einander nur deshalb Gutes, weil wir uns dann selbst gut fühlen. Gegen diesen Gedanken lässt sich kaum stichhaltig argumentieren, aber mir ist einfach nicht wohl dabei. Denken wir nur an uns selbst, wenn wir Gutes tun?*

Antwort David Reynolds, Autor des wunderbaren Buchs *Constructive Living*, erzählt die Geschichte eines Kindes, das Hunger leidet und von jemandem ein Stück Brot angeboten bekommt, aber nur unter der Bedingung, dass es ein Lied dafür singt. Also singt das Kind, isst das Brot, und für eine Weile ist der Hunger gestillt. Dann meldet der Hunger sich wieder, und wieder tritt jemand an das Kind heran, diesmal mit den Worten: »Ach, du armes Kind, du siehst ja ganz verhungert aus. Hier, nimm dieses Brot. Ich wollte, ich könnte dir mehr geben.« Das Kind isst das Brot, und für eine Weile ist der Hunger gestillt. Ein andermal kommt jemand vorbei, gibt dem Kind wortlos ein Stück Brot und geht weiter. Das Kind isst das Brot, und für eine Weile ist der Hunger gestillt.

Wir können diese Geschichte von den Motiven oder von den Resultaten her betrachten: Der erste Geber hatte etwas Herrisches, der zweite war voller Mitgefühl, der dritte gab einfach, ohne jede emotionale Verwicklung; aber im Ergebnis hatte das Kind in allen drei Fällen etwas zu essen, und der Hunger war für eine Weile gestillt.

Aktionen sind weitaus wichtiger als Motive. Wenn ich einer Hilfsorganisation Geld spende, könnte es sein, dass ich mich dabei einfach gut fühle oder etwas für mein Ego zu tun oder jemanden zu beeindrucken versuche. In allen drei Fällen wird mit meinem Geld etwas Gutes getan. Die Frage nach dem Motiv wirkt da ziemlich gegenstandslos. Welche Rolle spielen die persönlichen Gründe für einen

> Wir spüren die Liebe derer, die wir kennen, und es ist ein Feuer, das unser Leben speist. Aber die Zuneigung der Menschen zu spüren, die wir nicht kennen – das ist etwas noch Größeres und Schöneres, weil es unsere Grenzen so viel weiter macht und uns mit allem Lebendigen vereinigt.
> PABLO NERUDA

Akt der Freundlichkeit, für einen Dienst, der jemandem erwiesen wird?

Dazu noch eine Geschichte: Am 14. Februar besteigt ein alter Mann mit einem Dutzend roter Rosen den Bus. Ein junger Mann rutscht zur Seite, damit er sich setzen kann, und sagt: »Da bekommt aber jemand einen herrlichen Valentinsgruß.« Der alte Mann lächelt und nickt.

Nach ein paar Minuten fällt ihm auf, dass der junge Mann immer noch die Rosen betrachtet. Er fragt: »Haben Sie eine Freundin?«

»O ja«, sagt der junge Mann. »Bin eben zu ihr unterwegs. Sie bekommt das hier.« Er zeigt eine Valentinskarte.

Wieder vergehen ein paar Minuten schweigend, dann erhebt sich der alte Mann, weil er aussteigen muss. Plötzlich legt er dem jungen Mann die Rosen auf den Schoß und sagt: »Ich glaube, meine Frau hätte gern, dass Sie sie bekommen. Ich werde ihr erzählen, dass ich sie Ihnen geschenkt habe.«

Damit steigt er aus. Als der Bus wieder anfährt, sieht der junge Mann noch, wie der alte Mann durch ein Friedhofstor geht.

Verschenkt er die Rosen ganz selbstlos? Das kann man unmöglich wissen. Klar ist hingegen, dass hier Freundlichkeit und Einfühlungsvermögen walten. Vielleicht bestehen Freundlichkeit und Selbstlosigkeit einfach in dem Wissen, dass wir alle im gleichen Boot sitzen – in der gleichen Welt, im gleichen Leben.

Frage *Viele Menschen, die einer spirituellen Philosophie oder einem spirituellen Pfad folgen, scheinen in dem Bewusstsein zu leben, dass ihre Überzeugungen und Praxisformen denen anderer überlegen sind. Sprechen Sie auch dieses Konkurrenzdenken im spirituellen Bereich an – dieses Bedürfnis, meinen Guru, meine Religion oder meinen Weg als überlegen anzusehen?*

Die Menschen leben einer in des anderen Obhut.
IRISCHES SPRICHWORT

Könnten wir die verborgene Lebensgeschichte unserer Feinde lesen, wir würden in jedem Leben Kummer und Leiden finden – so viel, dass uns die Waffen sinken würden.
HENRY WADSWORTH LONGFELLOW

Antwort Konkurrenzkampf ist eine Realität. Über Jahrmillionen der Evolution überlebten die »Tüchtigsten« und sorgten für den Fortbestand ihrer Gene. Aber wir können den Begriff der Tüchtigkeit heute nicht mehr so definieren, wie Darwin es tat; in der Menschenwelt geht es nicht mehr einfach nur um rohe Kraft und körperliche Überlegenheit, sondern Intelligenz und Anpassungsfähigkeit spielen die größere Rolle. Sie bedeuten eine allmähliche Änderung unseres Weltbilds, vom Gedanken der Getrenntheit zum Bewusstsein der Einheit; damit wird ein tiefer gesellschaftlicher Umbruch verbunden sein: vom Konkurrenzkampf zur Kooperation. Damit will ich aber nicht sagen, Kooperation sei besser als Konkurrenzkampf (so wenig wie Erwachsensein besser ist als Kindheit); aber Kooperation zeigt eine weitere Stufe unserer gesellschaftlichen Evolution an.

Hunderte wissenschaftliche Studien, Alfie Kohn zitiert sie in seinem provokanten Buch *Mit vereinten Kräften: warum Kooperation der Konkurrenz überlegen ist*, belegen inzwischen, dass Kooperation zu besseren Ergebnissen führt als Konkurrenzkampf – abgesehen davon, dass sie den Menschen mehr Spaß macht, sie stärker verbindet und mehr Sinn in ihrem Tun finden lässt. Sie kennen das Spiel »Die Reise nach Jerusalem«: Musik spielt, und die Teilnehmer gehen im Kreis; wenn die Musik abbricht, nimmt jeder schnell einen der verfügbaren Stühle ein. Es gibt aber einen Stuhl weniger, als Mitspieler vorhanden sind, und so bleibt einer übrig und scheidet aus. Bei jeder nächsten Runde also ein Teilnehmer weniger und ein Stuhl weniger, bis nur noch ein Teilnehmer übrig ist und das Spiel gewinnt. Auch bei der Kooperationsversion dieses Spiels wird nach jeder Runde ein Stuhl entfernt, aber es geht darum, dass *alle* irgendwie auf den verbleibenden Stühlen Platz finden, bis sich am Schluss ein Knäuel lachender Kinder auf einem einzigen Stuhl zu halten ver-

> Was du auch erreichen magst, irgendjemand hilft dir dabei. Hinter den Schöpfungen, die wir unser Eigen nennen, stehen die Gedanken und Mühen vieler.
> ALTHEA GIBSON

sucht. Was halten Sie für schwieriger, und was macht wohl mehr Spaß?

Wenn wir uns als Einzelne sehen, von anderen getrennt, ist Konkurrenzkampf das einzig Sinnvolle – schließlich kann nur einer die Goldmedaille gewinnen oder den Anstellungsvertrag bekommen. Sobald uns aber klar wird, dass die Erde ein Lebewesen ist und wir Zellen ihres Körpers sind – alle in einem Boot –, beginnt Konkurrenzkampf ein wenig abwegig zu wirken. Unsere Arme konkurrieren ja auch nicht mit den Beinen oder die Leber mit dem Herz. Für Buddhisten ist das Vergleichen eine Form des Leidens, weil das Konkurrenzdenken kein eigenes Zentrum besitzt: Wie gut wir sind, ist immer nur im Vergleich mit anderen auszumachen. Und wenn es um spirituelle Entwicklung geht, bringt das Vergleichen von Übungen, Lehrern oder Pfaden gar nichts, denn kein Lehrer oder Pfad kann »der beste« sein – jeder Weg ist für bestimmte Menschen zu bestimmten Zeiten besser geeignet als andere.

Wenn uns endlich unser gemeinsames Menschsein aufgegangen ist, werden wir die Erfolge anderer so begeistert feiern und ihre Verluste ebenso betrauern wie unsere eigenen. Bei der Behindertenolympiade in Seattle traten neun körperlich oder geistig behinderte Sportler zum Hundertmeterlauf an. Beim Startschuss spurteten sie zwar nicht wie Gesunde los, aber mit sichtlichem Eifer und dem Wunsch zu gewinnen. Ein Junge stolperte jedoch, überschlug sich ein paar Mal und begann zu weinen. Das hörten die übrigen und hielten an, um sich umzublicken. Dann gingen sie alle zusammen zurück. Ein Mädchen mit Down-Syndrom beugte sich über den Gestürzten und gab ihm einen Kuss. Dann hakten sie sich alle unter und überschritten gemeinsam die Ziellinie.

Wir können es sicherlich auch lernen, im Geist grundsätzlichen Wohlwollens spielerisch zu konkurrieren und dabei doch zu kooperieren, als spielten wir Schach mit

---

Wenn wir jeden als einen Teil unserer selbst sehen lernen und spüren, wie jede Kritik eigentlich Selbstkritik ist, werden wir uns selbst bedingungslose Liebe entgegenbringen und in die Welt ausstrahlen lassen.
HARRY PALMER

Die verstehen, sehen sich selbst in allem – und alles in sich selbst.
BHAGAVAD GITA

uns selbst. Dazu gehört, dass wir über unser kleines Ich hinausblicken und unsere Identität immer mehr ausweiten – zuerst auf die Angehörigen und die Menschen des unmittelbaren Lebensumfelds, dann auf das ganze Land, die Menschheit, alle Lebewesen und schließlich auf das gesamte grenzenlose Feld des Seins. Und wenn wir unseren gemeinsamen Weg als Brüder und Schwestern mit Freude und Begeisterung im Geist der Kooperation gehen, haben wir das größte aller Lebensziele erreicht.

Unser Puls schlägt in jedem Fremden.
BARBARA DEMING

Was bedeutet das für Sie persönlich?

An die Namen der beiden reichsten Männer der Welt oder der Nobelpreisträger des letzten Jahres erinnern Sie sich vielleicht, vielleicht auch nicht. Aber die Namen von zwei Lieblingslehrern, von Freunden, die Ihnen beistanden, von etlichen Helden, deren Geschichten Sie begeisterten, wissen Sie ganz bestimmt noch. Wir erinnern uns an Menschen, denen wir etwas bedeutet haben. Und wir können selbst auch so ein Mensch werden, an den andere sich noch mit Freude im Herzen erinnern, wenn er schon nicht mehr auf dieser Erde ist. Dazu sind wir hier, und alle unsere Leistungen und Errungenschaften verblassen neben schlichten Akten der Freundlichkeit.

Akte der Freundlichkeit schließen den Kreis des Lebens und verbinden uns mit anderen. Was wir für uns tun, stirbt mit uns; was wir für andere tun, hallt lange nach. Wir mögen alle Sehenswürdigkeiten der Welt gesehen, jeden erdenklichen Luxus genossen und alle Sinnenfreuden erlebt haben, aber wenn wir auf unser Leben zurückblicken und die Erinnerungen durchgehen, werden nur ein paar Dinge bleiben, die wirklich zählen und uns froh machen: das Lächeln, das wir in das Gesicht eines anderen zu zaubern vermochten; eine mutige oder freundliche Tat, in der wir die Getrenntheit zu überwinden vermochten. Darin liegen Sinn und Zweck des Lebens, und nur solch ein Leben kann zielstrebig genannt werden.

Notieren Sie drei Freundlichkeiten, die Ihnen von anderen erwiesen wurden.

Notieren Sie drei Freundlichkeiten, die Sie anderen erwiesen haben.

Und fangen Sie heute mit den kleinen Dingen an, die letztlich so viel bewirken. Bringen Sie Freude in Ihr Leben und in das Leben anderer Angehöriger dieser großen Menschenfamilie.

Nachwort

Schließen möchte ich mit einem Abschnitt aus dem Epilog meines Buches *Die universellen Lebensgesetze des friedvollen Kriegers*:

Das sind meine Wünsche und Gebete für dich, für jeden Tag deines Lebens: Mögest du dich dem Leben hingeben und Gnade finden! Mögest du aufhören, nach dem Glück zu suchen, und es entdecken! Mögest du lernen, auf diese Gesetze zu vertrauen und dir die Weisheit der Erde zu Eigen zu machen! Mögest du deine Verbindung zum Herzen der Natur wiederfinden und die Segnungen des Geistes spüren!

Auch dann wird das tägliche Leben noch voller Herausforderungen sein, und du wirst das, was ich dir gezeigt habe, immer wieder vergessen. Doch tief in deinem Inneren werden die Gesetze deinem Gedächtnis erhalten bleiben, und wann immer du sie hervorholst, werden deine Probleme dir so unwesentlich vorkommen wie Seifenblasen. Wo vorher nur das Unkraut der Verwirrung wuchs, wird sich plötzlich ein Weg vor dir auftun. Deine Zukunft und die Zukunft der ganzen Menschheit ist ein Weg ins Licht, in die wachsende Erkenntnis unserer Einheit mit dem Schöpfer und der gesamten Schöpfung. Was jenseits dieser Erkenntnis liegt, lässt sich mit Worten nicht beschreiben.

Wisse, dass die Sonne immer auf dich herabscheint, auch in den Stunden der Nacht, wenn der Himmel am dunkelsten wirkt; wisse, dass du von Liebe umgeben bist und das reine Licht in deinem Inneren dich auf deinem Weg nach Hause geleiten wird! Also vertraue auf den Entfaltungsprozess deines Lebens! Sei dir bei allen Höhen und Tiefen auf deiner Reise gewiss, dass deine Seele sicher und geborgen in den Armen des Geistes ruht!

Dank

Meine dankbare Wertschätzung gilt meinem Verleger Marc Allen; meinem Lektor Jason Gardner für sein Können und sein Engagement; außerdem Munro Magruder, Monique Muhlenkamp, Marjorie Conte, Mary Ann Casler, Tona Pearce Myers und allen anderen Mitarbeitern des Verlags New World Library, die dieses Buch zur Welt bringen halfen und für die Geburtsanzeigen sorgten.

Dank auch der Werbeagentin Patsy Barich und meinen unbezahlbaren Agenten Candice Fuhrman sowie Michael Larsen und Elizabeth Pomada. Seit ich sie hinter mir weiß, sind die Zeiten freundlicher.

Mein Freund Doug Childers nahm sich, so beschäftigt er auch war, Zeit, um sich mit dem Manuskript zu befassen und kluge redaktionelle Vorschläge zu machen; auch Mary Brandon, Linda Kramer, Joy Millman, Sharon Root und Beth Wilson haben das Manuskript gelesen und mit ihren Anmerkungen dazu beigetragen, dass dieses Buch Gestalt annehmen konnte.

Viele Weise und Gelehrte, deren Weisheit und Witz ein Segen in meinem Leben waren, sind durch Zitate und Geschichten in diesem Buch vertreten. Ihnen allen bin ich zu tiefem Dank verpflichtet.